そのひと言がハッとさせる！

とっさの語彙力

話題の達人倶楽部〔編〕

青春新書
PLAYBOOKS

はじめに

会話にせよ、文章にせよ、「なるべく、わかりやすい言葉を使って、素直に話す（書く）のがいちばん」——と思っている人は少なくないでしょう。しかし、それは、ごくごく初心者向けのハウツウ。人を魅きつけたり、ハッとさせるためには、ときには、あえて難しい言葉や複雑な表現を使うことも必要です。

その証拠に、歴史に残る名言には、首を傾げたくなるような〝わかりにくい〟言葉が溢れています。「無知の知」（ソクラテス）にしても、「事実は真実の敵だ」（セルバンテス）にしても、一読で真意を理解できるような、わかりやすい表現ではありません。

しかしながら、だからこそ、これらのフレーズは歴史に残る名言になったといえます。たとえば、後者の言葉の場合、「事実と真実は違うことがある」のように穏やかに表現すれば、意味は伝わりやすかったかもしれませんが、人の記憶に残ることはなかったでしょう。

また、より現実的に言えば、この国の大人社会では、人間関係を円滑に保つために、「あえて遠回りに話す」技術が不可欠です。大人同士の会話で、いつもストレートに話していたりすると、「あの人は、はっきりモノを言い過ぎる」、「言葉がキツい」と、ネガティブな評価になることは間違いありません。

というわけで、とっさのときに、あえて高尚にも、あいまいにも、言葉を操れるのが、大人の表現力というもの。むろん、そのためには、さまざまな表現技術と語彙に関する知識を増やすことが重要です。

そこで、本書では、レトリック（修辞術）の基礎知識に加え、インテリに見える熟語やカタカナ語、敬語やほめ言葉など、自分の使う言葉の大人度を上げるために必要なさまざまな語彙を紹介しました。

あなたも、本書で、より魅力的なセリフを繰り出すための語彙力を身につけていただければ幸いに思います。

二〇一九年五月

話題の達人倶楽部

そのひと言がハッとさせる！　とっさの語彙力◆目次

Step1

「教養の日本語」は、使うほどに味が出る 13

Step2 レトリックが使えれば、一瞬で表現力に磨きがかかる……45

Step3 大和言葉を制するものは、大人の会話を制す ………… 73

カバーイラスト■iStock.com / Ilyaf
DTP■フジマックオフィス

Step1

「教養の日本語」は、使うほどに味が出る

言葉づかいや文章術の本には、「難しい熟語（漢熟語）を使うな」「なるべく漢字を減らせ」と書いてあるもの。でも、それも時によりけり。熟語には熟語ならではの長所があるからこそ、日本語の中核を成してきたのです。

まず、熟語を使うと、同じ内容を短く言い表せ、言葉の切れ味がアップします。加えて、熟語を使うと知的にも聞こえます。というわけで、本章には、文章のプロたちがよく使う、とっておきの熟語を集めました。大人なら使いこなしたい言葉ぞろいです。

1 さりげなく使えば、ハッとさせる日本語

□**社会的な文脈**……「文脈」は、本来は、文と文のつながり具合のこと。そこから、物事の意味を考えるうえでの筋道、脈絡という意味で使われる。「社会的な文脈で考えると」、「政治的な文脈をたどると」など。

□**懐疑主義**《かいぎしゅぎ》……哲学的には人間の認識は、主観的・相対的でしかないとして、絶対的真理の認識の可能性を疑う立場。一般的には「彼は懐疑主義者だからねえ」などと、疑り深い、慎重という意味で使われている。

□**創造的破壊**《そうぞうてきはかい》……もとは、経済学者のシュンペーターが「イノベーション」に関連して提唱した概念。新しい技術やシステムが現れると、古い技術などが駆逐される過程を指

す。その後、一般的には意味がやや変化し、何かを始める（創造）ための乱暴な方法（破壊）という意味で使われることが多い。「ここは、創造的破壊が必要な局面ではないですか」など。

□**黄金時代**……紀元前７００年頃の古代ギリシャの詩人ヘシオードスの叙事詩に由来する言葉。それによると、神が最初につくったのは、黄金の種族で、立派で死ぬこともなかった彼らの時代を「黄金時代」と呼ぶ。その後、人間はじょじょに堕落し、白銀の種族、銅の種族、現在の鉄の種族と続いてきた。日本語では、人や組織が最も輝いた時代を「黄金時代」と呼び、「日本映画の黄金時代」、「巨人軍の黄金時代」などと使う。

□**集合的無意識**《しゅうごうてきむいしき》……もとは精神医学者のユングが提唱した概念。人類や民族が共通して持つイメージのことで、ユングは、世界の民話などの研究から、人類は無意識の中に共通の原型的な意識を持つとした。今は、「国民の集合的無意識」のように、明確には意識されていない気分のような意味でも使われている。

□**一丁目一番地**……政官界で「最優先」という意味で使われている。「一丁目一番地の政策」など。「一丁目」は入り口近くという意味でも使われ、「ここが、地獄の一丁目だ」など。

□**最後の一藁《わら》**……ラクダの背に藁をのせていくと、最後はごく軽い一藁の重みによって、ラクダはくずれ落ちるという意。そこから、何でもないようなことが、長年の重圧、恨み、思いなどを表面化させて、全体が崩れるという意味。「その一言が、退社を決意させる最後の一藁になったんだね」など。

□**巨人の肩の上**……先人の業績を土台にして、新たな発見をするという意味。万有引力を発見したニュートンが、ロバート・フック（「フックの法則」の発見者）宛ての手紙で、「私が彼方を見渡せたとしたら、それは巨人の肩の上に乗っていたからです」と書いた一節から有名になった言葉。ただし、ニュートン・オリジナルの言葉ではなく、それ以前から用いられていたフレーズとみられる。

□悪魔の選択……どちらの選択肢を選んでも、ひどい状況になるような選択。あるいは、そうした選択を強いられるような最悪の局面。「悪魔の選択を迫られる」など。もとは、イギリスの諜報機関で使われていた言葉とみられ、フレデリック・フォーサイスの謀略小説のタイトルでもある。

2 言葉の使い方ひとつで、カシコく見える

□時代の必然……時代の流れからして、当然そうなるだろうという意味。「今回の事態も、時代の必然というほかはなく～」などと、責任逃れ、言い訳に使われることが多い。

□現実の厚み……「厚み」は簡単な言葉ながら、うまく使うと、含蓄がありそうな表現

をつくることができる。「現実の厚みの前に立ちすくむ」、「人間としての厚みが足りない」、「人生の厚みを感じる」のように。

□**多年《たねん》の弊《へい》**……「弊」には、悪いこと、という意味があり、「多年の弊」は、長年続いてきた悪いこと、積み重なってきたマイナスという意味。「多年の弊と言わざるをえない」が定番の使い方。

□**自明《じめい》の理《り》**……わかりきっていること。説明するまでもないこと。「それ自身で、すでに明らかな論理」という意味。「今、迅速な改革が必要なのは自明の理だと思います」など。

□**視座《しざ》**……物事を見る立場のこと。「新しい視座を提供する」、「平和主義の視座から戦争を語る」など。「視点」よりもインテリっぽく聞こえる言葉。

□**可視化《かしか》**……目に見えるようにすること。「可視化されていない問題点」、「消費者ニーズを可視化する」などと使われる。また、仕事では、グラフや表にすることを意味する場合があり、「売り上げ動向を可視化する」といえば、グラフ化して誰の目にもわかりやすくすること。

□**追体験**《ついたいけん》……他人の経験を自分の体験のようにとらえること。おおむね、小説や伝記などを読み、その主人公の経験をたどるという文脈で使われることが多い。「先人の苦労を追体験する」、「１９２０年代を追体験できる物語」など。

□**過剰適応**《かじょうてきおう》……状況に適応しすぎている状態。それまでの状況にうまく適応して、成功していたため、新しい環境に対応できないという文脈で使われる語。たとえば、「工業化社会に過剰適応した日本経済」といえば、工業化社会で成功しすぎたため、情報化社会に乗り遅れ、落ち込むことになったという文脈で使われることになる。

□**二極分化**……中間層が減り、両極端に分かれる現象。昨今は、貧富の差や都市と地方など、多数の社会現象で「二極分化が進んでいる」と結論付けられることが多い。「二極化」と同じ意味だが、「二極分化」といったほうが、まだ手垢のついていない感がある。

3 一度は堂々と使ってみたい言葉

□相補関係《そうほかんけい》……互いの欠けた部分を補い合う関係。「相性が悪い」というと、ネガティブだが、「今後、相補関係を築ける可能性がある」といえば、今は「相いれない」現状をポジティブに表現できる。

□不透明感……「先が見通せない感じ」を表した言葉。「経済の先行きに不透明感が広がるなか」、「不透明感が漂う政局」などと使われる。

□希望的観測……自分に都合のよい未来図を描くこと。われながら、甘いと思う見通しを語るときには、「希望的観測になりますが」と前置きするもの。一方、相手の甘すぎる見通しを批判するときには、「希望的観測にすぎるのでは」と指摘する。

□**最適点**……最も適したゴール。「最適点に達する」、「最適点を模索する」など。「最適解」も似たような使い方ができ、「最適解とはいえないにしても、間違いではないでしょう」など。

□**相乗効果**《そうじょうこうか》……二つ以上のことがうまく嚙み合い、大きな結果がもたらされること。「ジョイントすれば、相乗効果が期待できると思うんですよ」など。

□**黄金律**《おうごんりつ》……もとは、聖書にあるキリスト教の基本倫理となるイエスの言葉を指す。それが、日本語では、最高原理、金科玉条という意味で使われ、「平和主義は、戦後日本の黄金律」などと用いる。

□可《か》もなく不可《ふか》もなし……平凡であるさま。いいところ（可）も悪いところ（不可）もないという意。意外にも、出典は『論語』で、もとは「言行がほどよく、過不足がない」という〝ほめ言葉〟だった。

4 知的な雰囲気を演出するキーワード

□因果律《いんがりつ》……原因と結果に一定の関係がある原理。哲学や物理学用語でもあり、「因果関係」というよりも、高尚に聞こえる。「そこには、何らかの因果律が存在するはずだ」など。

□局所最適化《きょくしょさいてきか》……部分的には最適でも、全体にとっては最適ではないこと。たとえば、ある政策が一部の人には利益をもたらしたとしても、国全体や社会全体にとっては、そうではないという場合に使われる。「それでは局所最適化に過ぎず、全体最適は達成できませんね」など。

□**残像**《ざんぞう》……光の刺激を受けたあと、一定時間、目に像が残る状態。そこから、映像的な記憶、思い出という意味で使われ、たとえば「遠い日の残像を見る思いがする」などと使う。

□**幻視**《げんし》……実際にはないものが見えること。「ドイツ国民は、ヒトラーの中に未来を幻視したのである」のように、間違った未来を見る、将来図を描くといった意味で使われることが多い。

□**反世界**《はんせかい》……もとは物理学用語で、私たちの住む世界とは基本的粒子が違い、反粒子で構成されている世界。そこから、まったく違う世界、異世界という意味で使われる。「反世界のような奇怪な文明」、「ガラパゴスを通り越して反世界化する日本」など。

□**美学**……本来は、美の本質、美意識などについて考察する学問。そこから、一般的には「美意識」と同様の意味で使われ、「それが彼の美学だね」など。なお、以前は「男の美学」という言葉がよく使われていたが、ジェンダー的な問題を含むため、使用頻度は減っている。

□**界面**《かいめん》……二つのものが接触している面。つまりは境界面のことだが、「文化の界面」などというと、「文化の境界面」というよりも、高尚に聞こえるから不思議。

□**残照**《ざんしょう》……日が沈んでからも、空の下方にかすかに残る光。比喩的には、過去の栄光がわずかに残っているという意味で使われ、「大英帝国の残照」、「バブルの残照」など。同種の比喩に使われる「余韻」よりも、映像が浮かびやすい言葉といえる。

□**駆動因**《くどういん》……動力のもと。比喩的には「世界史の駆動因」、「資本主義の駆動因」など、大きな物事を動かすものという意味で使われる。その一方、個人的動機という意味で使われる場合もあり、「この作品制作の駆動因となったものは何か」など。

5 そういう〝知のカタチ〟があったのか！

□**実践知**《じっせんち》……もとは哲学用語だが、一般的には「実践の中で積み上げた知識」、「現場で役に立つ知恵」といった意味で使われている。「机上学習は積んでいるが、実践知が不足している」というように。

□**専門知**……専門的な知識、能力。「専門知識」というよりも、「専門知」と「知」で止めたほうが、インテリっぽく聞こえるから不思議。「確かな専門知を身につける」など。

□**集合知**……多くの人の知識の蓄積。みんなの知恵を借りることは「集合知を活用する」、多くの人で知恵を出し合うことは「集合知によって解決する」といえば、インテリっぽく聞こえる。

6 できる大人がおさえている〝的〟がつく言葉

□**反時代的**……一般的には、時代の流れと逆を行く、流行にさからうという意味で使われ、「反時代的な作品」など。哲学用語としては、ニーチェが著した「反時代的考察」と題された論文に関係して使われることが多い。

□**巨視**《きょし》**的**……「マクロ」の訳語で、全体的に観察するさま。「巨視的にながめ、全体像を把握する」など。反対語は「微視的」(ミクロ)。なお、以前、マクロ経済学は「巨視的経済学」、ミクロ経済学は「微視的経済学」と訳されることがあったが、昨今はほとんど使われていない。

□**思弁的**《しべん》……論理的な思考にもとづくこと。ただし、「現実離れしている」という意味の婉曲な悪口に使われることが多い。「そのご意見は、思弁的にすぎませんか」は、「現実を見ていないんじゃないですか」という意味。

□**衒学的**《げんがく》……知識をひけらかすさま。英語でいうと、ペダンティック。「衒学的な小説」、「衒学的な論文」、「衒学的な態度」など、おおむね悪口として使われる。「いささか衒学的すぎるんじゃないでしょうか」など。

□**不可逆的**《ふかぎゃく》……「不可逆」はもとに戻せないことで、要するに、とりかえしがつかないこと。「高齢化が不可逆的に進行する」など。

□**謙抑的**《けんよく》……「謙抑」は、へりくだって控えめにすること。自制的に抑えるという意味でも使われ、「謙抑的に表現する」など。

□**自傷的**《じしょう》……「自傷」は、自分の体を自ら傷つける行為。「自傷的」は、芸術評論などでよく使われる言葉で、「自傷的な文学作品」、「自傷的ともいえる努力」などと使われる。

□**自罰的**《じばつ》……失敗したときなどに、自らを責め、攻撃する傾向。「内罰的」や「自責的」と同じ意味。「自罰的とも思える言動」、「太宰治の自罰的な作品」など。

7　できる大人がおさえている〝性〟がつく言葉

□**多声性**《たせい》……もとは音楽用語だが、評論文などでは「多様性」と同様の意味で使われている。「多様性」という手垢がついた言葉を避けるため、文章のプロがこう言い換えることが多い。

□**身体性**……厳密にいうと、哲学、宗教、心理学など、さまざまな学問分野で、それぞれの定義がある言葉。一般的には「自分の体による経験」、「皮膚感覚」といった意味で使われている。「作家の身体性を感じさせる作品」など。

□**両義性**《りょうぎせい》……ひとつの事柄が相反する二つの意味を持つこと。「○○という概念には両義性がある」など。カタカナ語にすると「アンビバレント」で、これは欅坂46の曲名としても使われている言葉。

□**蓋然性**《がいぜんせい》……平たくいえば、「確からしさ」ということ。「蓋然性はけっして高くはない」などと使う。なお、「蓋然的」は、ある程度、確実なさまで、「おそらくそうだろう」という意味。

□**神性**《しんせい》……文字どおり、神の性質のこと。「神性を帯びる」や「神性を感じさせる」は、神々《こうごう》しく感じられるという意味。「神性を帯びた名画」、「神性さえ感じさせる楽曲」など、芸術作品をほめるときによく使われる言葉。

8　数学用語を日常会話に応用してみよう

□**座《ざ》標《ひょう》軸《じく》**……数学用語としては、座標を決めるための縦横の直線。そこから、比喩的に、物事、考えの基準、基本方針といった意味で使われる。「○○の教えを生き方の座標軸とする」、「人生の座標軸を失う」、「プロジェクトを進めるうえでの座標軸」など。

□**二元方程式**……数学では、未知数が二つの方程式のこと。そこから、比喩的に、要素が二つある課題という意味で使われる。「二元方程式だった冷戦時代」といえば、冷戦時代は米ソ二国の動向がカギだったが、今はその枠組みが消滅して〝未知数〟が増え、より難解な「多元方程式の時代」を迎えているという意味合い。

□**次《じ》数《すう》を上げる**……「次数」は、数学の二乗や三乗のこと。「次数を上げる」は、比喩的に、グレードをアップするという意味で使われる。「次元を上げる」も同様の比喩。

□**最大公約数**……数学では、公約数のなかの最大値。比喩的には、多くの異なる意見の共通点という意味で使われ、なかば慣用句化している。「世論の最大公約数」、「皆様のご意見を集約すると、その最大公約数といえるのは〜」など。

9 科学用語を日常会話に応用してみよう

□**半減期**《はんげんき》……科学的には、放射性元素の原子量が半分になるまでの時間。比喩的には、「憎悪にも半減期がある」、「人の記憶の半減期は、放射性元素のそれよりもはるかに短い」などと使われる。

□**共振**《きょうしん》**する**……科学的には「共鳴」と同じ意味で、振動する物体に同じ振動数の振動が加わると、振動幅が大きくなる現象。比喩的には「感動が共振する」など、感動や興奮が伝わって、〝心の震え〟がより大きくなる現象に関して使われる。

□**島宇宙化**《しまうちゅうか》……「島宇宙」は、銀河系外にある天体集団。比喩的に使う場合は、宇宙という意味は薄れ、「島」状であることの比重が重くなって、「孤島状態」「バラバラ」という意味で使われる。「島宇宙化した消費者」、「嗜好の島宇宙化」など。

□**斥力**《せきりょく》……「引力」の反対語で、互いに反発し合い、遠ざけようとする力。そこから、比喩的に、「二人の間には、斥力が働いている」のように使われる。「遠心力」も同様に使われる言葉で、「遠心力が働き、組織はバラバラ状態」など。

□**化学反応が起きる**……比喩的には、複数のものの組み合わせによって、予想もしない効果が生まれるという意味で使われる。「バイオリンと尺八の音色が化学反応を起こす」など。

□**連鎖反応が起きる**……科学的には、核分裂反応のように、一つの反応が別の反応の引き金になり、反応が連鎖する状態。比喩的には、一つの出来事がきっかけとなって、次々と事件が起きたり、拡大したりするという意味で使われる。「連鎖反応のように、テロが頻発する」など。

□**水銀のように変幻自在《へんげんじざい》**……元素名も、その性質に応じた比喩に使われる。「水銀」は、常温で唯一、液体状の物質であり、形が変わることから、見出し語のような比喩に使われる。ほかに「アルミのような光沢」、「体が鉛のように重い」、「言葉が水素並に軽い」、などは、準慣用句的な表現。それらを陳腐と感じれば、「白金のような光沢」、「タングステンのように重い」、「リチウムのように軽い」などと変化をつけるとよい。

□**酸素と水素のような関係**……元素名は、こんな使い方もできる。見出し語の意味は、酸素と水素が結合することで〝劇的な変化〟が起き、水が生まれるという意味。つまり、二つのものの組み合わせによって、単なる足し算ではなく、劇的な変化が起きることの比喩。

□**定性分析**《ていせいぶんせき》……化学分析では、成分の「種類」を調べること。対義語は「定量分析」で、成分の「量」を調べること。そこから、マーケティング関係などで、「定性分析では本当のところはわからない。数字で説明できませんか」などと使われる。

□**周波数**……科学的には、交流電流などが1秒間に繰り返す波の数で、単位はヘルツ。比喩的に「周波数が合わない」、「周波数が違う」というと、気が合わない、話が合わない、コミュニケーションが成り立ちにくいという意味。

□**潤滑油**《じゅんかつゆ》……摩擦をおさえる油。比喩的には、物事をスムーズに進めるものという意味で使われ、「人間関係の潤滑油」など。なお、「潤滑」は、潤いがあって動きが滑らかという意味の熟語だが、「潤滑油」以外ではほとんど使われなくなっている言葉。

□**錬金術**《れんきんじゅつ》……卑金属から貴金属をつくり出そうとした技術。比喩的には、ポジティブな意味としては、変哲もないものから、すばらしいものをつくり出す技術という意味で使われ、「言葉の錬金術師」など。一方、ネガティブな意味としては、詐欺まがいの商法、投機でカネをつくりだす技術という意味で使われている。

10 陳腐さを防ぐには、準慣用句が狙い目です 1

□**強制終了となる**……既成の慣用句には諸刃の剣的なところがあり、使い方によって、巧みな表現となる場合もあれば、陳腐な言い回しに堕すこともある。そこで、注目したいのが、慣用句的に使われているものの、なぜか慣用句辞典には載っていない類の言葉。この項では、そうした〝準慣用句〟を紹介していこう。見出し語の「強制終了」は、パソコンなどで、使用中のソフトウェアを強制的に終わらせること。そこから、比喩的には、無理やり止める、止められることのたとえとして使われる。「社長の鶴の一声で、プロジェクトが強制終了させられた」など。

□**エッジの効いた……**近年、よく耳にするフレーズで、とがっている、先鋭的という意味。「エッジの効いた表現」、「エッジの効いた演出」など、クリエイティブ関係で使われはじめ、最近は「エッジの効いた企画」など、ビジネス界にも進出している。エッジ（edge）は刃物のことで、英語にはedgyという同様の意味の俗語がある。

□**逆王手《ぎゃくおうて》をかける……**将棋で、もとは、相手からの王手を防ぎながら、逆に相手の王将に王手になる手を指すこと。そこから、意味が変化し、将棋の七番勝負やプロ野球の日本シリーズなどで、先に3勝されて王手をかけられた状態から、3勝3敗の状態に追いつくという意味で使われるようになっている。

□**戻る橋を焼き払う……**不退転の決意を表すフレーズ。今、渡ってきた橋を焼き払うことから、もはや後戻りはできないという意味。「戻る橋を焼き払う決意で、事態に臨みます」など。「背水の陣を敷く」の言い換えといえる。

□背中が語る……これも定番句でありながら、なぜか慣用句辞典には、あまり載っていないフレーズ。意味は、言葉で語るまでもなく、背中（後ろ姿）でいわんとするところがわかるという意味。「痩せた背中がすべてを物語っていた」、「その背中は雄弁だった」のように、バリエーションをつけて使える。

□終わりの始まり……衰退期の入り口という意味。多くの物事は、一瞬にして〝終わる〟のではなく、時間をかけて衰退していくもの。とりわけ、衰退期にある強大なものに似合う言葉で、「大英帝国の終わりの始まり」、「メガバンクの終わりの始まり」など。

□市民権を得る……「市民権」は、市民としての権利。そこから、「市民権を得る」は比喩的に、多くの人に認知されるという意味で使われている。「市民権を得つつある新語」など。

□**体温《たいおん》がこもる**……「体温がこもる」は、ポジティブな意味に使われる形容句で、「言葉に体温がこもる」といえば、その言葉が経験や実感に裏打ちされているという意味。また、「体温のこもるおもてなし」といえば、心のこもった温かみのあるおもてなし、という意味になる。

□**汗《あせ》の匂《にお》いがする**……「汗臭い」というと、体が汚れていて嫌な臭いがするというネガティブな意味だが、「汗の匂いがする」というと、よく働き、勤勉というポジティブな意味に変わる。「汗の匂いがする仕事」、「汗の匂いとともに、名作は生まれる」など。なお、「におい」は、いいにおいは「匂い」、くさいにおいは「臭い」と書き分けるのが普通。

□**嫌な汗が出る**……「汗」を使った慣用句は、「冷や汗が出る」、「脂汗が出る」の二つが代表格。一般に「冷や汗」は、恥ずかしいときや恐ろしいときに出る汗で、「脂汗」は、緊張しているときや苦しいときに出る汗。「嫌な汗」は、後者の「脂汗」の言い換えといっていい。

□**体に合わない服を着る**……違和感があるさまを形容するフレーズ。「体に合わない服を着ているようで、どうにも居心地が悪い」など。

11 陳腐さを防ぐには、準慣用句が狙い目です②

□**ダムが決壊《けっかい》したように**……激しく、溢れだすさまの形容句。言葉が溢れだす様子の形容に使うことが多く、「ダムが決壊したように、言葉が溢れだす」など。

□**地獄の一丁目**……大変な出来事の始まり。破滅に向かって進み出す最初の出来事。「ここが地獄の一丁目だ」、「それが、彼にとっての地獄の一丁目となった」など。

□**刑務所の塀《へい》の上を歩く**……法律違反すれすれの行為をしているさま。あるいは、日常的に法を犯しているが、なかなか捕まらないさま。「刑務所の塀の上を歩くような人生を送る」、「刑務所の塀の上を歩いても、けっして内側には落ちない」など。

□**人生の縮図《しゅくず》**……「縮図」は、実物を小さく写した図。そこから、比喩的に、小さいながらも、全体を表すものという意味で使われる。「人生の縮図」、「社会の縮図」が定番の使い方。

□**歴史の歯車が回る**……「歯車が回る」は、物事が動きだす、進むことの形容句。「歴史の歯車が回る」は、時代が移り変わるさま、とりわけ歴史的な大変化が起きたときの形容に使われる。「歴史の歯車は、血飛沫《しぶき》をあげて回る」のように、変化をつけて使うこともできる。

□**歴史が証明する**……現在はその評価が定まらなくても、後世、理解されたり、評価が定まるはず、という意味。「この説の正しさは、歴史が証明してくれるだろう」、「いみじくも、歴史が証明しているように」などと使う。

□**時計は逆戻《ぎゃくもど》りをしない**……時間をさかのぼることはできないという意味。たとえば、「時計の針を逆戻りさせてはいけない」といえば、旧体制に戻ってはいけない、過去の失敗を繰り返してはいけない、という意味。

□**十三階段**……絞首台の異名。台の上まで、階段が十三段あることに由来する。「ついに十三階段をのぼることになった」など。

□**超絶技巧《ちょうぜつぎこう》**……近頃、よく耳にするようになった〝新四字熟語〟。並ではない名人技を意味する。たとえば、パガニーニのバイオリン演奏や、明治時代の彫金・七宝などの製作技術がこう呼ばれる。

Column 1 怪物、祭典、甲子園……イメージがふくらむ定番キーワード

一言で説明するのに便利なのが、「○○の甲子園」、「○○銀座」、「○○の魔術師」といった定番表現。たとえば、「俳句甲子園」といえば、それが俳句の〝高校生大会〟であることが一目でわかるという具合です。以下は、頭に入れておくと、短く説明するのに便利な言葉。短い言葉で、相手の興味をひくことができます。

○○の怪物……「怪物」は、化け物のなかでも、とりわけ力が強いというイメージがある。そこから、力に溢れた人の代名詞として使われる。野球選手では、昭和の時代には江川卓投手が「怪物」と呼ばれ、続いて松坂大輔投手が「平成の怪物」と呼ばれた。競馬で「怪物」と呼ばれたのは、昭和の名馬ハイセイコー。

○○の祭典……「祭典」は、祭りに限らず、はなやかな行事という意味で使われる。「科学の祭典」、「食の祭典」、「光の祭典」など。なお、「平和の祭典」はオリンピックの代名詞で、古代ギリシャ時代、交戦中の国々も、戦争を中止して五輪に参加したことにちな

む。

○○の魔術師……「魔術師」は、超絶的な技巧を持つ人という意味でも使われる。たとえば、「色彩の魔術師」と呼ばれたのは、画家ではドラクロアとマチス、ファッション界ではミッソーニ。

○○の甲子園……「甲子園」球場では、高校野球の全国大会が開かれることから、高校生全国大会の代名詞として使われている。「知の甲子園」(高校生クイズ大会のこと)、「ブラバンの甲子園」、「駅伝の甲子園」など。

○○銀座……「銀座」は、東京きっての繁華街。そこから、繁華街を意味する〝普通名詞〟としても使われ、全国には、「銀座」のつく商店街が300以上はあるとみられる。さらに、繁華街以外の意味にも広がって、「台風銀座」や「アルプス銀座」(北アルプスの登山者の多い道のこと)などとも使われている。

第二の◯◯……◯◯に入る語と同様の機能を持つという意味で使われ、たとえば「第二の脳」といえば、腸のこと。腸が脳と同様に、感情などに影響をおよぼすことを表している。また、「第二の人生」のように、「その後」や「節目の後」という意味でも使われる。

人生最後の◯◯……特別であることを強調するフレーズ。「人生最後のダイエット」といえば、そのダイエット法が優秀であり、次にダイエットする機会はなくなるので、人生最後になるという意味。「人生最後の恋」も、よく見かける表現。

Step2

レトリックが使えれば、一瞬で表現力に磨きがかかる

「レトリック」（修辞術）は、人をハッとさせるために不可欠の言葉のテクニック。「撞着語法」「逆説」「対句」「誇張」など、さまざまな技術があり、キャッチコピーやタイトル、見出しなど、人々の関心を魅きつけるための言葉で使われています。

ところが、日本では、学校で体系的に習わないこともあって、レトリックに関して基礎知識すら欠いているという人が少なくありません。そこで、本章では、言葉をより魅力的にするレトリックの技術について紹介していきます。

1 タイトル・見出しを魅力的にする……撞着語法

□**小さな大物**……タイトル、見出し、キャッチコピーを考えるときには、「撞着語法」が有効な方法。「撞着」は矛盾という意味で、意図的な言葉のミスマッチによって、「おやっ！」と思わせる手法。見出し語の「小さな大物」は、「小さな」と「大物」という矛盾した言葉をつなげることで、意外な表現をつくりあげている。「体の小さな実力者」や「子供ながらスター」といった意味。「小さな巨人」もよく使われる撞着表現。

□**サウンド・オブ・サイレンス**……撞着語法が有効なのは、英語でも変わらない。この名曲のタイトルを訳すと「沈黙の音」という意味になる。

□**汚れた英雄**……英雄・ヒーローでありながら、法を犯したり、悪事に手を染めている者を意味する。たとえば、ドーピング違反が発覚した金メダリストなど。小説・映画のタイトルでもある。

2 キャッチフレーズ、標語、モットーをつくる……三段重ね

□自由・平等・博愛……キャッチフレーズや標語をつくるには、言葉を３つ重ねる「三段重ね」が有効な手法。見出し語は、フランス革命のスローガン。フランス語では「リベルテ・エガリテ・フラテルニテ」と韻を踏んでいて、「三段重ね」のなかでも傑作といえる。ほかに、よく知られているところでは、「友情・努力・勝利」（『少年ジャンプ』のモットー）、「より早く　より高く　より強く」（オリンピック精神を表す標語）など。

□泣く、笑う、手に汗握《あせにぎ》る……「三段重ね」の言葉をつくるときには、品詞をそろえるのがコツで、これは動詞を三つ並べるパターン。東映のヤクザ映画全盛時代の経営者、

岡田茂氏の言葉で、観客が〝泣いて、笑って、手に汗握る〟ような映画をつくれば、かならずヒットするという、娯楽映画制作の要諦を短く言い表している。

□見る、聞く、黙る……これも、動詞をそろえるパターン。かつて、フランコ独裁時代のスペインでささやかれていた庶民の処世術。日本には「見ざる、聞かざる、言わざる」という言葉があるが、生き残る術《すべ》には、洋の東西はないよう。

□時間、空間、仲間……これは、熟語を三つ並べるパターン。「間」のつく言葉を並べて、見た目に面白く、語呂もよくしている。「時間、空間、仲間」は「サンマ」（三間）と呼ばれる〝遊び〟に欠かせない三要素。時間と場所（空間）、そして同好の士（仲間）がいなければ、楽しむことはできないという意味。

□温泉には、休養、保養、療養の三つの効果がある……これも、休養、保養、療養という、「養」のつく熟語を並べて、リズムをよくしたパターン。

3　あえて大げさに表現する……誇張

□池の水をストローで吸い出しているような状況……「誇張法」は、最もポピュラーなレトリックのひとつ。慣用句や成句にも、「天地がひっくりかえってもありえない」、「白髪三千丈」、「ノミの心臓」、「一日千秋の思い」など、誇張表現があふれている。見出し語は、困難な状況に対する誇張表現。古今東西、難しい場面は、さまざまな誇張表現で表され、「砂漠で針を探すよう」、「シベリアで氷を売るようなもの」など。

□甲子園は月より遠い……「○○は月より遠い」は、なかなか到着できない場所や、容易なことでは、手に入れられないものを表す常套句。見出しのフレーズは、弱小野球部にとっては、甲子園はそれほどに遠い場所であるという意味。

□深夜でも文庫本が読めそうなネオン街……夜の繁華街の明るさを誇張した表現。深夜、深海、深山など、「深」のつく熟語は、誇張表現に頻出する語彙で、「深海の底にいるような重圧」、「深山のような静けさ」などと使われる。

□史上初めてカーレースが行われたのは、2台目のクルマが生まれたとき……そんなはずはないのは当然だが、乗り物となると、スピードを競いたくなる人間の性を誇張した表現。

4 ネーミングの基本テクニック……駄ジャレ・パロディ

□ブックオカ……「駄ジャレ」、「親父ギャグ」とバカにされながらも、ネーミングでは、駄ジャレがうまくはまると、そのインパクトはひじょうに大きくなる。見出しにしたのは、福岡市の本のお祭り。むろん、ブックとフクオカをかけている。

□**タマゾン川**……東京の多摩川で、熱帯性の生物がときおり発見されることからの〝ネーミング〟。むろん、多摩川とアマゾン川をかけている。

□**酔っぱライター**……居酒屋など、アルコール関係の取材・原稿を得意とするライターの自称。ほかに、風呂・入浴関係の専門家には「風呂デューサー」を自称している人もいる。

□**とんまつり**……とんまな祭り。ゆるキャラなど、数々のブームを生み出してきたイラストレーターのみうらじゅん氏の造語。

□**野蛮ギャルド**……アバンギャルド（前衛）な芸術には、野蛮なパワーを感じさせる作品があるもの。そのあたりを駄ジャレで表した言葉。

□**小河ドラマ**……CSの低予算時代劇ドラマのこと。もちろん、大河ドラマのパロディである。

5　造語の基本テクニック……三つをまとめる

□**三底**《さんてい》……略語的な造語には、三つの言葉をまとめるパターンが多い。たとえば、バブル時代には、女性が男性に求める条件は「三高」(高学歴、高収入、高身長)とされたものだが、平成不況後は「三低」(低姿勢、低依存、低リスク)に変化した。なお、現在、高齢者の「三高」というと、高血糖、高血圧、高脂血症のこと。

□**3Y社会**……「3+ローマ字」のパターンでは、「3K」(キツイ、キタナイ、キケン)が最も有名。見出しにした「3Y社会」の3Yとは「欲なし、夢なし、やる気なし」。昨今の〝低欲社会〟を一言で表した言葉。

□**人企総**《じんきそう》……人事部、企画部、総務部の略。企業の本社中枢にあって、出世ルートとされてきた三つの部の総称。

□**ホウレンソウ**……企業内のコミュニケーションに必要な「報告・連絡・相談」の略。昭和生まれの略語だが、今なお、生き残っている言葉。

6　名言風のフレーズをひねりだす……逆説表現

□**急がば回れ**……「逆説表現」は、一見、常識とは反対のことをいいながら、真理・真実を言い当てる表現技術。「急がば回れ」ということわざは、その傑作のひとつといっていいだろう。ほかに、「負けるが勝ち」、「損して得取れ」、「ただより高いものはない」、「会うは別れのはじめ」など、ことわざの世界は逆説表現に満ちあふれている。

□早めに失敗せよ……逆説表現は、一見、非常識なことを〝言い切る〟ところから生まれる。見出し語は、「失敗」を「せよ」と言い切ることで、人を魅きつける逆説表現。失敗は、むろんよくないことではあるが、早めに失敗したほうがロスは小さく、またよき教訓になるという意味。

□新しいことは、新しくなくなってから評価される……流行にしてもムーブメントにしても、それが「新しい」間は、多くの人々はその重要性・優秀性に気づかず、珍奇なものとして扱うもの。大衆がその凄さに気づくのは、世の中に定着し、「新しい」ものではなくなってからだという意味。

□古典こそ新しい……古典は、時代を超えた普遍性があるからこそ、長く残ってきている。見出し語は、古典が現代でも通用することを形容矛盾で強調している。「古典こそ新しいという言葉を実感させる作品」など。

7 「おやっ」と思わせる表現をつくる1……一、二、三

□一富士二鷹三茄子……日本人は「一に○○、二に△△、三に××」という言い回しを好むようで、多数の表現がある。見出しにしたのは、ご存じのように初夢で見ると、縁起のいいものの順番。ほかに、「一種二肥三作り」は、農作物をつくるには、まずは種、次いで肥料、その次に管理や手入れが大事という意味。「一麴二もと三造り」は、酒造りでは、まずは麴、ついで、もろみにするもと造りが重要。桶などに詰める仕込み造りはそのあとという意味。

□一に体力、二に気力、三、四がなくて、五に知力……「三、四がなくて」とはさむのも、よく使われるパターン。見出し語は、仕事を進めるには、まずは体力と気力、知力はさほど必要ではないことを「三、四がなくて」ということで強調している。

□一淫二酒三湯四力五行六音七煙八火……「一、二、三」パターンのなかでも、究極といえることわざを紹介しておこう。これは、体（とくに目）に悪いものの順番で、八までである。色事、飲酒、熱湯入浴、力仕事、遠出の疲れ、歌舞音曲、煙るところ、火のそばの順に、体（目）に悪いという意味。

8「おやっ」と思わせる表現をつくる②……〝新〟常套句

□押さば押せ、引かば押せ……ことわざ、名言など、よく知られた言葉を少し変えると、面白く、印象的なフレーズになるケースがある。見出し語は、角界に伝わる相撲の極意を表した言葉。普通は「押せば引け、引けば押せ」だが、「押さば押せ」とするところに、相撲の要諦がある。

□**歴史は単純には繰り返さない**……「歴史は繰り返す」という常套句に、「単純には」という語をはさむことで、面白みと深みを付加したフレーズ。

□**木を語らずに、森は語れない**……「木を見て森を見ず」という、よく知られたことわざを〝本歌〟にしている。「木（ディテール）を知らずして、大きなこと（森）は語れない」という意味。

□**少なくとも三兎を追え**……埼玉県の名門・浦和高校の理念。学業、スポーツ、趣味など、三つ以上のことに、貪欲であれという意味。「二兎を追う者は一兎を得ず」という成句は、二つのことを追うなという戒めであり、その反対に「三兎を追え」と言い切ったところに、〝常識〟を裏切るインパクトがある。

□**出すぎた杭は打たれないというが、そうなるまでは打たれまくる**……もとのことわざは「出る杭は打たれる」。それに変化をつけた「出る杭は打たれるというが、出すぎた杭は打たれない」という表現も、かなり知られている。それをさらに発展させたのが、見出しにしたフレーズ。このことわざには、いろいろな派生形があり、「出る杭は打たれるというが、出ない杭は朽ちる」も、ときおり見かける表現。

9 「おやっ」と思わせる表現をつくる③……謎かけ風

□安物の鉛筆……これは、古典的な謎かけ風のシャレ言葉で、そのココロは「気（木）は強いが、芯は弱い」という意。このような、謎かけ風のレトリックで、読者、聞く人の興味をひきつけることもできる。

□インフレは歯磨きのようなもの……そのココロは、「出すのは簡単だが、戻すのは難しい」。インフレを招くのは簡単だが、もとに戻すのは難しいことを言い表している。たとえば、「インフレは〝歯磨き〟のようなものといわれます」と話し出せば、「どういうこと？」と聞く人の興味をひくことができるだろう。

□**日銀は薬剤師……**そのココロは、「ときにはカンフル剤を使い、副作用をおさえ、（景気）回復を待つ」という具合。

10　書き出しに困ったときには……字解き

□**聡明の「聡」の字はまず耳から書く……**「賢くなるには、人の話をよく聞くことが大事」という意味。〝字解き〟は、人をひきつけるうえで、相当有効な手法。とりわけ文章では、文字を視覚的に表せる分、より印象的になり、書き出しにもよく使われている。

□**作曲の「曲」は「曲がる」と書く。だから曲には曲がったところが必要……**素直すぎる楽曲はヒットしない、聞く者に小さな違和感を与えるような、曲がったところがないと、人の耳には届かないという意味。

□**放送は「送りっ放し」と書く**……テレビ・ラジオの無責任さを語るときに、よく使われてきた言葉。

□**食とは「人に良し」と書く**……ときおり使われる言い回しだが、いろいろな意味を含んでいる。「人に良し」と書くのだから、「体にいい食材を使いなさい」、「食べる人の好みを大事にしなさい」など。

□**癇癪の「く」の字をとって生きていく**……「かんしゃく」から「く」の字をとると、「かんしゃ＝感謝」になるというわけ。

□**母は舟の一族だろうか**……詩人の吉野弘の詩の一節。「母」という漢字が「舟」に似ているところに、詩を見いだしている。

11　数字を効果的に使う……0と1と99

□**0を1にする……**「数字」もレトリックの小道具のひとつ。熟語や形容詞より意味を鮮明に伝えられる場合がある。見出し語は「何もないところから生み出す」という意味。「無から有を生み出す」より簡潔で、とくに口語では意味が伝わりやすい。

□**ゼロには何もかけてもゼロ……**よく使われ、慣用句に近づきつつある〝数字言葉〟。もとがゼロ（ダメ）では、どのような手段を講じても、成果は得られないという意味。

□**築城三年、落城三日……**数字を使った対句表現。「三」という数字を反復している。意味は、物事やいい評判を築き上げるには長い年月がかかるが、それが地に堕《お》ちるのは、あっという間ということ。

□**負けの99％は自滅である……**「99」は、一種のマジックナンバー。「100％」というとウソが混じるし、断定しすぎて反発を買うもとにもなるが、1％の逃げ道を残して99％と表すと、信憑性を増す。むろん、％なしの形でも使え、「99の真実を積み重ねて、初めて大ウソが書ける」など。

□**脳科学は15、16世紀あたり**……脳に関しては、まだまだわからないことだらけという意味。脳科学は、まだ研究の草創期であり、ほかの科学の15、16世紀＝ルネサンス期に相当するという意味。

12 記憶に残る表現を編み出す……対句

□**春はあけぼの、冬はつとめて……**「対句」は、二つの言葉やフレーズを並べてリズムを生み出すレトリック。もともとは漢文のテクニックで、四字熟語にも「四分五裂」など、対句の形の語が多数ある。大和言葉でも、『枕草子』の「春はあけぼの、冬はつとめて」をはじめ、「おじいさんは山へ芝刈りに、おばあさんは川へ洗濯へ」など、多数の名文句で使われてきた。印象に残る言葉をつくるには、必須のテクニックといえる。

□派手な受賞は叩かれる、地味な受賞は嘆かれる……芥川賞について語った言葉で、世間の耳目を集めるような「派手な受賞」は、「芥川賞も商売上手になった」と叩かれ、地味な作品が受賞すると、「その程度の作品しかなかったのか」と嘆かれるという意味。芥川賞級とまではいえないが、なかなかよくできた対句。

□最初の一杯がいい。そして最後の一杯も捨てがたい……作家の山口瞳の言葉。彼は若い頃、洋酒メーカー、サントリーの名コピーライターでもあった。

□相場は生き物、政治は化け物……対句は、似た言葉やフレーズを並べる手法だが、そのなかに同じ漢字を重ねる「同字反復」という技法がある。見出し語は「生き物」「化け物」と同じ漢字を使う似た言葉を重ねることで、字面も似せながら、相場や政治の恐ろしさ、ダイナミズムを表している。

□**練習は貯金、試合は集金**……これも、同字反復の形。「貯金」「集金」と、「金」の字を繰り返すことで、音でも見た目でもリズムを生み出している。意味は、練習によって力を蓄え、試合でそれを成果に変えること。

13 対義語を並べてつくる……対句

□**恋は有償、愛は無償**……対句のテクニックのひとつに「対義語を並べる」という方法がある。見出し語は、「有償」「無償」という対義語を並べることで、恋と愛の違いを短く言い表している。

□よい戦争と悪い平和があったためしがない……アメリカ建国の父のひとり、フランクリンの言葉。「よい」「悪い」、「戦争」「平和」という2組の対義語を使った対句で、2世紀を超えて今も引用される名言。

□青春は短く、老後は長い……「青春」「老後」、「短い」「長い」という2組の対義語を使って、高齢化社会の悲哀を表した言葉。

14　○○であっても、△△ではない型

□経営はアートであり、サイエンスではない……「○○であっても、△△ではない」も、対句をつくる基本パターン。見出し語は、企業経営には感性が必要であり、論理と数字だけで成功することはできないという意味。

□ヒーローであっても、スーパーヒーローではない……ほめながらも、その限界を示す言い方。「秀才ではあっても、天才ではない」、「名女優ではあっても、大女優ではない」など、〝嫌み〟を知的に言うことができる形。

□それは最大の勝負でもなければ、最後の勝負でもない……「○○でもなければ、△△でもない」と、どちらでもないと並べて、強調することもできる。この場合、○○と△△は似た言葉であると、対句らしさが出る。見出し語では、「最大の勝負」、「最後の勝負」と同字・同語反復のテクニックを使っている。

Column 2 「紋切り表現」とカシコくつきあう方法

ここに紹介するのは、いわゆる「紋切り型」の表現。かつては「面白い」と思われた時期もあった言葉ながら、濫用されるうちに飽きられた表現です。×をつけたのは、頭に浮かんでも、今や避けたほうがいい表現。△は、多くの人が知っていることを逆用し、変化をつけたりすれば、まだ使える可能性がある表現です。

1 「ありがちな日本語」を使うコツ、避けるコツ

△時代の半歩先を行く……時代の一歩先を行くと、先走りすぎて、大衆と遊離してしまうので、企画や商品をヒットさせるには「半歩先」くらいがちょうどいいという意味。よく知られた表現なので、「時代の半歩先を行くという言葉がありますが」などと、常套句と認める形で使うといい。また、「半歩でも行きすぎで、0・3歩先くらいがちょうどいい」のような変化をつけることもできる。

△〜の〜による〜のための……むろん〝本歌〟は、リンカーンの「人民の人民による人民の

ための政治」。それをもじって「官僚の官僚による官僚のための政治」などと使われてきた。今や陳腐化が進み、よほどうまく使わないと、ウケないパターン。

△今日より若い日はない……人は、日々年をとっていくので、自分にとっては今日がいちばん若い日であるという意味。「物事を始めるに遅いということはない」という文脈でよく使われ、相当陳腐化してきている表現。

×○○好きに悪い人はいない……「犬好きに悪い人はいない」などと使われてきたが、その根拠は薄弱な言葉。定番表現となるうち、ますますウソっぽくなってきている。そろそろ、使用を控えたほうがいいだろう。

△○○に国境はない……スポーツや芸術の世界で、さんざん使われてきたフレーズ。せめて「○○に国境はないといいますが」と、常套句であることを認める文脈で使いたい。

△静かなブーム……形容矛盾を利用した言葉であり、「静か」と「ブーム」のミスマッチ感が面白く感じられた時期もあったのだろう。しかし、今や使われすぎて陳腐化した表現。

×○○は筋書きのないドラマ……半世紀は使われてきたフレーズ。「スポーツは筋書きのないドラマと申しますが」が定番の使い方だが、今や定番すぎてギャグの類にも聞こえてくるフレーズ。

×眠らない街○○……「眠らない街・東京」、「眠らない街・歌舞伎町」などと、使われてきた表現。今や、この言葉自体が〝眠気〟を誘いそうで、「眠り続ける街」のほうが、まだキャッチーなくらい。

×ブームの仕掛人……テレビ時代劇の「必殺仕掛人」は、レギュラー番組としてはかなり前に終わっているのに、この言葉は依然生き残っている。ブームの内幕レポートなどで使い続けられているが、鮮度は限りなく低い。

×待ったなしの改革……「待ったなしの改革を迫られている」など、政治・政策関係で頻用されてきた言葉。過去、改革の成果が乏しいこともあいまって、人をうんざりさせるフレーズ。

2　できれば避けたい締めくくりの禁句

×〜と思う今日この頃です……この項にまとめたのは、文章の締めくくりに濫用され、手垢がついた言葉。見出し語は、文章を書き慣れない人が、作文やエッセーなどで使いがちなフレーズ。今や、結語には、これだけは避けたほうがいいといえる一文。

×今後の成り行きが注目されます……マスコミで、現場レポートや記事を締めくくるために使われてきた常套句。あまりに陳腐なため、今やこのフレーズで締めくくることは、マスコミ業界でも「成注《なりちゅう》原稿」とバカにされているのだが、それでもなくならない。

×今後、波乱含みの展開が予想されます……〝成注〟に並んで、記事やレポートの結語によく使われてきた言葉。いっていることは「今後の展開が注目されます」と、ほぼ同様で、〝成注〟の変形パターンといえる。

×〜とみる向きもある……事実上、自分の意見を客観的に見せかけるために使われてきた言葉。このフレーズを耳にする人から、「〝向き〟って誰ですか」と、内心つっこまれることになる。

×〇〇の物語はまだまだ終わりそうにない……記事やナレーションの締めくくりに頻用されてきたフレーズ。今、このフレーズで締めくくると、文章全体が陳腐に見えそう。物語を「夢」や「挑戦」に代えて、「〇〇の夢は〜」「〇〇の挑戦は〜」で締めくくるのも同様に陳腐。

Step3

大和言葉を制するものは、大人の会話を制す

大和言葉というと、〝上品で趣きがある言葉〟というイメージがあります。でも、大和言葉の一番の長所はそこではありません。大和言葉は、実用面からいっても、ひじょうに優秀な言葉の集まりなのです。敬語を使うにしても、婉曲に話すにしても、大和言葉は欠かせない存在です。

というわけで、この章では、とくに実用的な大和言葉、人気のある大和言葉を特選し、約２００語を紹介していきます。

1　言葉のセンスがひかる大和言葉

□**思いを馳《は》せる**……まずは「好きな大和言葉は何ですか？」といったアンケートで、上位に選ばれる人気の大和言葉、約30語から。「思いを馳せる」は、そのトップに選ばれることの多い言葉で、意味は「想像する」。ただし、熟語では表せない親しみや思いやりを含んでいる。なお、「馳せる」の本来の意味は、馬などを走らせることで、「思いを走らせる」という意になる。「在りし日の姿に思いを馳せる」などと使う。

□**おかげさま**……相手の親切や思いやりに対して、感謝の気持ちを伝える言葉。「御蔭」は、もとは神仏の加護を表す言葉で、それに「様」をつけて敬語化してある。「おかげさまで」をさらに丁寧にしたのが、「おかげさまをもちましてという大人の大和言葉。

□**ときめく**……期待や喜びで、胸がどきどきすること。「期待に胸がときめく」「喜びに胸がときめく」など。「時めく」（時流に合って、もてはやされる）とは違う言葉なので注意。

□**たたずまい**……人やものが、そこにあるさま。「落ちついたたたずまい」「上品なたたずまい」など、その上質・上品な状態や雰囲気を表すのに使う言葉。漢字では「佇まい」と書く。

□**ひたむき**……ある物事や目的に心を向けている様子を表し、「ひたむきに打ち込む」「ひたむきな態度」などと使う。「ひたむきに取り組む」といえば、単に「真面目にとりくむ」というよりも、ほめ言葉としてより効果的。漢字では「直向き」と書く。

□**お裾分け《すそわ》**……もらい物をさらに人に分け与えること。「お裾分けで申し訳ありませんが」や「お裾分けにあずかりまして」などと、謙譲的に使う言葉。

□**心を寄せる**……いろいろな意味に使われる言葉だが、本来は、好意を抱く、好きになるという意味。今は、熱中する、思いやるという意味でも使われている。

□**つつがなく**……無事に、何事も起きずに、という意味で、「つつがなく過ごしております」が定番の使い方。寄生虫の「恙虫」がいないことを語源とする。

□**ゆかり**……関係、つながり。「千利休ゆかりの品」「縁もゆかりもない」などと使う。漢字では「ゆかり」も「縁」と書く。

□**なごむ**……気持ちがやわらぎ、落ちつくこと。「気持ちがなごむ」「なごんだ雰囲気」など。「なごやぐ」もほぼ同じ意味で、「座がなごやぐ」「気持ちがなごやぐ」など。

□**たおやか**……しとやか、上品、優美といった意味合いを一言で表す大和言葉。「たおやかな女性」「たおやかな身のこなし」などと使う。漢字では「嫋やか」と書く。

□**いたわり**……思いやり。「いたわりの言葉をかける」などと使う。動詞の「いたわる」は、思いやりの気持ちをもって接すること。漢字では「労り」と書く。

□**ねぎらい**……相手の苦労や努力に対して、敬意を払ったり、感謝したりすること。「ねぎらいの言葉をかける」「苦労をねぎらう」が定番の使い方。漢字では「労い」と書く。「労り《いたわ》」と混同しないように。

□**たしなみ**……意外に、いろいろな意味に使われている大和言葉。まず、「上品なたしなみ」といえば「好み」や「趣味」のこと。「武士のたしなみ」や「女のたしなみ」といえば、日頃の心がけのこと。「たしなみがない」では「節度」のこと。「茶道のたしなみがある」のように使うと「心得」という意味になる。漢字では「嗜み」と書く。

□**けなげ**……殊勝なさま。おもに、子供や若い女性の気丈な態度やふるまいに対して、「けなげな態度」「けなげな振る舞い」などと使う。漢字では「健気」と書く。

□**お暇《いとま》する**……「帰る」を婉曲に表した謙譲語で、「お暇申し上げます」など。なお、「お暇をいただく」は、意味が違い、休みをもらったり、仕事を辞めたりすること。

□**いつくしむ**……「愛する」「可愛がる」「大切にする」といった気持ちを一言で表せる言葉。「愛娘をいつくしむ」「わが子をいつくしむ」など。「うつくしむ」という古語が変化した言葉。漢字では「慈しむ」と書く。

□**折り合う**……「妥協する」というと、ネガティブなことに聞こえるが、「折り合う」というと、互いに譲り合った結果、結論を得たという意味になり、同じことでもポジティブに表せる。

□**すこやか**……元気、健康という意味だが、相手を慈《いつく》しむ気持ちがこもる言葉。とりわけ、子供の健康な様子に対して使うと、ぴったりの言葉。「すこやかに育つ」など。

□**さやか**……澄んで、明るくみえるさま。あるいは、音がはっきり聞こえるさま。「さやかな光」「鈴の音がさやかに聞こえる」などと使う。漢字では「清か」と書く。

□**いとおしい**……可愛く、大事に思うこと。漢字では「愛おしい」と書く。なお、「いとしい（愛しい）」は「いとおしい」から派生した言葉で、同じ意味。

□**恋い慕う**……男女の間で、恋しく思うこと。「ひそかに恋い慕う」など。また、「今はなき母を恋い慕う」など、懐かしく思う気持ちを表す場合もある。

□**面映《おもは》ゆい**……顔を合わせることが恥ずかしい。「面映ゆく思う」など。また、「映ゆい」だけだと、まばゆいと同じ意味で、顔を合わせることがまばやく感じられること。

□**恥《は》じらう**……恥ずかしく思うこと。「頰を染めて恥じらう」など。「花も恥らう美人」は、美しい花でさえ、恥ずかしく思うほどの美人という意。「羞じらう」とも書く。

□**小気味《こきみ》よい**……痛快である、あるいは鮮やかという意味。「小気味よくやっつける」や「小気味よい啖呵《たんか》」というと、「痛快」の比重が高く、「小気味よいプレーぶり」「小気味よく技が決まる」というと、「鮮やか」に近い意味になる。

□**胸がすく**……心のつかえがなくなる、すっとするという意。「胸がすく逆転劇」「胸がすくような結末」など、エンディングに関して使うことが多い。

□**かぐわしい**……上品な香りがただようさま。漢字では、「香しい」とも「芳しい」と書く。一方、「香《こう》ばしい」は、ほんのり焦げたような、おいしそうな匂いがただようさま。

□**睦《むつ》まじい**……親密であること。単に「仲がよい」というよりも、より親密で思いやりがあり、一心同体であるというニュアンスを含む。「仲睦まじい二人」など。

□**承《うけたまわ》る**……謙譲用の大和言葉。「聞く」を中心にいろいろな意味に使え、「お話を承る」は「謹んで聞く」という意、「仕事を承る」は「仕事を引き受ける」、「承るところによりますと」は「伝え聞くところによると」という意味になる。

□**そこはかとなく**……理由ははっきりしないが、全体としてそう感じられるさま。「そこはかとなく、懐かしく思う」や「そこはかとなく、漂う香り」などと使う。「かすか」や「弱い」という意味ではないので注意。

□**たゆたう**……物がゆらゆらと動くさま。「波間にたゆたう小舟」などと使う。気持ちの揺れに関しても使い、「気持ちがたゆたう」など。漢字では「揺蕩う」と書く。

□**ひとかたならぬ**……大人の社交辞令に欠かせない大和言葉。普通ではない、ひととおりではないという意味で、「その節は、ひとかたならぬお世話になり〜」が定番の使い方。漢字では「一方ならぬ」と書く。

2 人柄を上品にほめる

□**奥ゆかしい**……上品で慎み深い、という意で、「奥ゆかしさを感じさせる物腰」などと使う。漢字では「奥床しい」と書くが、「床しい」だけでも奥深い上品さを意味する形容詞。

□**陰日向《かげひなた》なく**……人が見ている見ていないに関係なく、という意味で、「陰日向なく働く」「陰日向のない人」などと使う。「裏表がない」というよりも、よほど上品な表現。

□**まめまめしい**……骨惜しみせずに、せっせと働くさま。「まめまめしく働く」など。漢字では「忠実忠実しい」と書くように、やり手というよりも、真面目でよく努《つと》めているというニュアンスがある。

□**骨身《ほねみ》を惜《お》しまない**……「まめまめしい」と、ほぼ同じ意味で、自分の体（骨身）をいとうことなく、働くさま。「貴殿の骨身を惜しまない働きぶりによって」など。

□**凛々《りり》しい**……きりっと引き締まっているさま。「凛々しい顔だち」「凛々しい若武者」などと使う。勇ましい若者に似合う形容詞。

□**竹を割ったような**……まっすぐな気性を形容する慣用句。竹を二つに割ると、まっすぐに割れることから。「竹を割ったような性格」が定番の使い方。

3　女性を大和言葉でほめる

□**艶《あで》やか**……美しく、華やか。「色気がある」というニュアンスを多少含んでいる。現代の感覚でいえば、20代後半以降の女性に使うのがふさわしく、20代前半の女性に使うのは、すこし早い言葉。「艶やかに微笑む」「艶やかな衣装」など。

□**しとやか**……物静かで上品。慎み深く、落ちついているさま。「しとやかな振る舞い」「しとやかな印象」などと使い、「お」をつけて「おしとやか」という形で使うことも多い。漢字で書くと「淑やか」。

□**雅《みや》びな**……大きく分けて、二つの意味がある。ひとつは、宮廷風であることで、「宮中の雅びな催し」など。もうひとつは、上品で優美なことで、「雅びな服装」「雅びな振る舞い」など。

□**つつましい**……慎み深い、遠慮深い、控えめであるという意。似た言葉の「つましい」と同様、暮らしぶりが地味で、質素であるという意味もある。なお、「つつましい」や「つましい」はポジティブな質素さを意味し、「貧乏」や「貧しい」といったネガティブな意味ではないので注意。

□**華のある**……華やかなこと。「花のある」とは書かないように。男女の別なく使えるほめ言葉で、「華のある性格」「華のある芸風」など。

4　敬語の格調を高める大和言葉

□**お運びになる**……「運ぶ」という動詞には、「行く」という意味があり、それを敬語化した言葉が「お運びになる」。「このたびは、ようこそお運びくださいました」のように使う。

□**お聞き届け**……「聞き届ける」は、単に「聞く」ことではなく、「注意して聞く」という意味。「お聞き届け」は、相手が注意して聞いてくれたことへの感謝を表す言葉で、「お聞き届けくださり、ありがとうございました」のように使う。

□**仰《おお》せのままに**……「仰せ」は目上の言葉のことで、命令という意味合いを含んでいる。「仰せのままに」は「おっしゃる通りに」という意味で、「仰せのままにいたします」が定番の使い方。

□**お手を煩《わずら》わせる**……「手を煩わせる」は、人の世話になることで、それを謙譲語化したのが、「お手を煩わせる」。「お手を煩わせて、恐縮に存じます」など。

□**もったいない**……現代では、無駄にするのが惜しいという意味で使われている形容詞だが、もとは畏れ多い、ありがたいという意味。敬語では、今もその意味で使われ、「もったいないお言葉」「もったいない御配慮」のように使う。

□**お体に障《さわ》る**……「障る」には、体の害になるという意味がある。会話では、「お体に障りませんように」と敬語化して使うことが多い。

5　謙遜するのに欠かせない大和言葉

□**至《いた》らないばかりに**……「至らない」は、行き届かない、不十分という意味。大人の会話では「私が至らないばかりに」「まことに至らない者ですが」などと、謙遜用に使う言葉。

□**かたじけない**……感謝にたえない、ありがたいという意味で、お礼メールや礼状用に知っておきたい言葉。「ひとかたならぬお世話になり、かたじけなく存じます」「ご懇情、かたじけなく思っております」などと使う。漢字では「忝い」と書く。

□**痛《いた》み入《い》る**……相手の親切に対して、恐縮するという意味で、これもお礼メール、礼状用に知っておきたい言葉。「お気遣い、痛み入ります」「ご親切、痛み入ります」など。

□**恐《おそ》れ多《おお》い**……目上を持ち上げるために知っておきたい言葉。「まことに恐れ多いことです」「口にするのも恐れ多く～」などと使う。「畏れ多い」とも書く。

□**恐《おそ》れ入《い》る**……感心してまいったと思う、あるいは恐縮するという意。前者は「恐れ入りました」、後者は「ご厚情のほど、恐れ入ります」のように使う。なお、「恐縮です」と漢語でいうよりも、「恐れ入ります」と大和言葉でいったほうが、丁寧に聞こえるもの。

□**おおそれながら……**恐れ多いことですが、という意。「おおそれ」は「恐れ」の強調表現で、「おおそれながら、申し上げます」などと使う。

□**お招《まね》きにあずかる……**相手から招かれることの謙譲表現。「お招きにあずかり、ありがとうございます」「お招きにあずかり、光栄に存じます」などが定番の使い方。

□**お目《め》通《どお》り……**「目通り」は、もとは貴人に拝謁することで、今は目上の人物に会うという意味で使われている。「お目通りがかなう」は、「お目にかかる」をより上級に、より大げさに、場合によってはやや皮肉を込めていう表現。

□**お見《み》知《し》り置《お》き……**「見知り置く」は、単に「見る」ことではなく、「見て記憶する」こと。それに「お」をつけ、「どうぞ、お見知り置きください」と謙譲語的に使うと、「どうぞ、覚えてください↓今後、多少は気にかけてください」という意味になる。

□こいねがう……単なる「願う」よりも、強く願うというニュアンスがある言葉で、漢字では、「希う」や「冀う」と書く。「こいねがわくは」は「（切実に）願うことには」という意味。

□お言葉を賜《たまわ》る……「賜る」は、いただく、頂戴することで、「けっこうなお品を賜りまして〜」などと使う。ほめられたときには「過分のお言葉を賜りました」と応じるのが、大人の日本語。

□差し控える……控えめにする、見合わせることで、「外出は差し控えております」「お酒は、すこし差し控えられたほうが」などと使う。同じ意味の「控える」よりも、丁寧なニュアンスのある言葉。

□さしでがましい……出すぎた感じがするという意味。「さしでがましいようですが」、「さしでがましいことを申し上げるようですが」など、おもに自分が「でしゃばる」と感じるときに、エクスキューズ用に使う形容詞。

□おこがましい……前項の「さしでがましい」と似たニュアンスの言葉で、身のほどをわきまえないこと。「諸先輩をさしおき、おこがましいのですが」のように、こちらもエクスキューズ用に使う言葉。

□不束《ふつつか》ながら……行き届かないさま。「不束ながら、精一杯務めさせていただきます」「不束な点はお許しください」「不束な娘ではございますが」など、数々の定番フレーズで使われる言葉。

□柄《がら》にもない……ふさわしくない。自分の性格、地位、能力と合わないことで、大人の会話では、「柄にもないことを申し上げました」が定番の使い方。

6 大人の社交辞令に欠かせない大和言葉

□**なにとぞよしなに**……「よしなに」は、よいように、よろしくという意味の副詞で、「よしなにお伝えください」などと使う。「なにとぞ（何卒）」と組み合わせると、「なにとぞよしなに、お願い申し上げます」のように、さらに上級の敬語になる。

□**お取り込み中**……「取り込み」には、用事が立て込むという意味がある。「お取り込み中」は、相手の忙しそうな様子を表す言葉で、「お取り込み中、申し訳ありませんが」が定番の使い方。

□**ゆるりと**……くつろいでいるさまを表す言葉で、「ごゆるりとお休みください」などと使う。また、「ゆるりと参ろう」のように、ゆっくりと、急がずにという意味で使う場合もある。漢字で書くと「緩り」。

□おいといください……「いとう」には、嫌う、避けるという意味のほか、いたわる、大事にするという意味もある。見出し語の場合はその意味で、「どうぞ、お体をおいといください」などと使う。

7 ビジネスに不可欠の大和言葉

□お使い立て……一見、ビジネスと大和言葉は不似合いなようだが、じつは日本社会では仕事を円滑に進めるうえで、大和言葉の知識が欠かせない。仕事には、やわらかな敬語や婉曲表現が不可欠。それには、大和言葉がぴったりなのだ。「お使い立て」は、用事を頼むときに使う言葉。部下にものを頼むとき、「お使い立てして申し訳ないけれど」といえば、パワハラにはならないはず。

□**取り計らい**……これは上司や取引先に「善処してほしい」と頼むときの大和言葉。「よろしくお取り計らいのほど、お願い申し上げます」など。

□**おとりなし**……トラブルが起きたときに欠かせない大和言葉。「おとりなし願えれば幸いです」は、うまく仲裁してほしいと頼むときのフレーズ。

□**願ってもない**……相手からの提案や誘いを快諾するときに使う。「願ってもないお話です」など。このバリエーションに「願ったり叶ったりのお話です」がある。

□**お互いさま**……双方が同じ立場に置かれることで、人を手助けするときには「困ったときはお互いさまです」というのがお約束。その一方、相手がプレッシャーをかけてきたときには「困るときはお互いさまですよ」と反撃のフレーズにも使える。

□**差し障《さわ》り**……差し支《つか》え、あるいは迷惑。「差し障りがあって伺えません」は差し支えという意味で、「差し障りのない範囲で」は迷惑という意味で使われている。

□**用立《ようだ》てる**……「役に立てる」という意味だが、実際的には「金を貸す」「金を立て替える」ことの婉曲表現として使われている。「少々、ご用立ていただきたいのですが」「先日、ご用立てした分の件で～」など。

□**持ち合わせ**……手持ちの金銭。購入をすすめられたときには、「あいにく今日は持ち合わせがなくて」と断るのがお約束。

□**おめもじ**……「会う」の最上級敬語。「お目にかかる」を女房言葉風にしたもので、漢字では「御目文字」と書く。「おめもじできれば、幸いです」など。

□**なにぶんにも**……なんといっても、という意で、汎用性の高い大和言葉。たとえば、へりくだるときには「なにぶんにも微力非才の身ですが」、断るときには「なにぶんにも、時期が時期ですので」などと使える。

□**頼《たよ》られがいのない**……役に立たない、という意。人から頼まれたときには、「頼られがいのないことで、まことにお恥ずかしいのですが」と断るのが、大人語。

□**ほかならぬ**……ほかとは違い、特別な関係にあるという意。たとえば、相手から何らかの提案があったとき、「ほかならぬ○○さんからのお話ですので」と使えば、相手を持ち上げながら、応諾することができる。

□**ままならず**……思いどおりにならない、という意。「できない」と告げるとき、この言葉を使うと、大人度の高い言い回しをつくれる。「ご挨拶に伺うこともままならず〜」など。

8 〝大人度〟を高める大和言葉

□**含みおく**……あらかじめ、了解しておくという意。大人社会では、「どうぞ、お含みおきください」などと、相手に事情説明するときに使うことが多い。

□**含みのある**……この「含み」は、言葉の裏に隠されていることを表す。「含みのある言い方」や「含みを持たせた表現」などがよくある使い方。

□**含むところがある**……この「含み」は、前項とは違って、内心にかかえている怒りや恨み、不満、嫉妬心などを表す。「含むところがある物の言い方」など。

□**またとない**……二度と同じことはないという意味で、絶好の機会を意味する言葉。「またとない機会かと、存じます」「こんなチャンスはまたとないと思います」など、セールストークに多用される。

□**望むらくは**……「望むところは」という意味で、「どうか○○でありますように」という願いを表す言葉。「望むらくは、この点を改善していただければ」などと使う。文法的には、「望む」＋名詞化する接尾語の「らく」＋係助詞の「は」という構成になる。

□**惜しむらくは**……文法的には「望むらくは」と同じ構成で、意味は「惜しいところは」。次項の「〜するきらいがある」とセットで使われることが多く、「好漢惜しむらくは、独走するきらいがある」などと使う。

□**〜するきらいがある**……気がかりな傾向があること。「自己宣伝するきらいがある」「独断専行のきらいがある」など、大人語としては、悪口を緩和するために使われる。

□**ややもすれば**……物事がそうなりがちなさま。「ややもすれば、失敗しがちなところでございますが」など。漢字では「動もすれば」と書き、「ややもすると」や「ともすれば」と同じ意味。

□**ことほどさように**……今、述べたように。（前の発言を受けて）それほどに。「ことほどさように、昨今の情勢は厳しい」など。漢字で書くと「事程左様に」。

□**相成《あいな》る**……「なる」の改まった言い方。「いかが、相成りましたか」や「かような仕儀と相成りました」が、大人語でよく耳にする使い方。

□**行《ゆ》く行《ゆ》くは**……将来は。行く末は。ポジティブな将来を予想するときに似合う言葉で、「行く行くは社長になる器」など。一方、「行く行くは倒産しそうな会社」など、ネガティブな予測に使うと、しっくりこない言葉。

□**しめやか**……しんみりとしたさま。本来は、ひっそりと静かなさまという意味で、「しめやかに雨が降る」などとも使う言葉だが、現在では葬儀の雰囲気を形容する言葉として使われることが多い。「葬儀がしめやかに営まれる」が定番表現。

□**いかばかり**……「いかばかり」は程度を予想する語で、どれほどか、という意味。「お喜びのほど、いかばかりだったでしょうか」「心中いかばかりか、お察しします」など。

□**まがりなりにも**……どうにかこうにか。不十分だが、なんとか、というニュアンスを含み、「まがりなりにも、できあがったようです」「まがりなりにも、合格したのだから～」などと用いる。漢字では「曲がり形にも」と書く。

□**思いの丈《たけ》**……思いのかぎり、思うことのすべて、という意味で「思いの丈を打ち明ける」などと使う。「丈」はもともとは長さの単位で、そこから、「首っ丈」(足元から首までという意)や「有りっ丈」など、物事のすべて、限界までという意味を表す用法が生じた。

□**なりわい**……暮らしていくための仕事。「○○をなりわいといたしております」など。漢字では「生業」と書くので、文脈に応じて「せいぎょう」と読み分ける必要がある。

□**つゆほども**……少しも。ちっとも。「つゆほども知らない」がよくある使い方。ほかに「つゆほども信じない」「つゆほども顔に出さない」など。漢字で書くと「露程も」。

□**相身互い**《あいみたが》……同じような身の上にある者同士が助け合うこと。「相身互い身」を略した言葉で、「武士は相身互いと申しますから」がよくある使い方。

□**ゆめゆめ**……下に否定語を伴って、決して〜ない、断じて〜ないという意味をつくる。「ゆめゆめ、ご信じ召されるな」「ゆめゆめ、怠りなく」など。漢字では「努々」と書く。

□いみじくも……ひじょうにうまく。適切に。古語の形容詞「いみじ」の連用形＋係助詞「も」の形。「いみじくも、○○さんがおっしゃったように」が、現代にも大人語として残っている使い方。

□いやが上にも……いっそう。そのうえに。「いやが上にも盛り上がる」が定番の使い方で、漢字で書くと「弥が上にも」。なお、「否が応でも」と混同しやすいので注意。こちらは、承知不承知にかかわらず、という意味。

□如何《いかん》せん……どうしようもない。「如何せん、時間も人手も足りませんね」「如何せん、ご縁がなかったのかと」など、何かをしないことの〝理由説明〟に使われる言葉。

□陰《かげ》ながら……表には出ないが、という意。大人社会では「欠席しますが」という意味で使うことが多く、たとえばパーティや会合に欠席するときには、「陰ながらご盛会をお祈り申し上げます」とメッセージを寄せるもの。

□**つとに**……以前から。ずっと前から。「つとに有名」、「つとに伺っています」などと使う。漢字では「夙に」と書き、もとは「早朝から」という意味。

□**つれあい**……配偶者のこと。長く連れ添った夫婦によく似合う言葉で「つれあいを亡くしまして」、「つれあいが入院いたしまして」などと使う。

□**親《おや》がかり**……子供がまだ独立せずに、金銭的に親の世話になっているという意味。「なにしろ、まだ親がかりの子供が2人いまして」「恥ずかしながら、まだ親がかりの身で」など。

9　微妙な気持ちを表す大和言葉

□**もの悲しい**……「悲しい」に「もの（物）」をつけると、涙を流すような悲しさではなく、「切ない」というニュアンスが濃くなる。ほかにも、もの憂い、もの思いなど、「もの」をつけると、切ないというニュアンスが加わることが多い。

□**ほだされる**……ほだす（絆す）には、つなぎとめるという意味があり、「ほだされる」は、人情にからまれ、判断や行動が束縛されること。「健気《けなげ》な態度にほだされて、つい許してしまった」などと用いる。「情にほだされる」は定番の使い方。

□**満ち足りる**……十分に満足することで、「満ち足りた気分」「満ち足りた生活」などと使う。その否定形の「満ち足りない」は不満の婉曲表現で、小さな不満やぼんやりした不安を抱えていることを表す形容詞。

□**喜ばしい**……うれしい、愉快、満足といった心情を表す形容詞。「まことに喜ばしいことで」「こんな喜ばしいことはありません」などと使う。「この喜ばしい日に」といえば、結婚式の挨拶の定番フレーズ。

□**図らずも**……思いがけなくも、意外にも、という意味。「図らずも、ご指名を受けまして」は、役職や仕事をまかされたときの挨拶でよく使われる言い回し。

□**はしなくも**……前項の「図らずも」と同様の意味で、予想の範囲を超えているさまを表す。「はしなくも受賞する」「はしなくも好評を得る」など。漢字で書くと「端無くも」。

□**伏《ふ》して**……ひれ伏して、つつしんで。頭を下げ、相手に頼みこむときに使う言葉で、「伏してお願い申し上げます」などと使う。なお、「ひれ伏して」は、漢字では「平伏して」と書く。

□**身に余る**……厚遇すぎて、自分にふさわしくないさま。「身に余る光栄です」「身に余るお言葉」などと使う。一方、「自分にはできない」という意味で、「身に余るお話かと～」のように、断りのフレーズにも使える。「身に過ぎる」も同様の意味。

□**身に染みる**……深く感じ入る、しみじみと感じる。「お情け、身に染みました」「身に染みるお話」「人の優しさが身に染みる」などと使う。「身に沁みる」とも書く。

□**身につまされる**……人の不幸が自分のことのように感じられること。「つまされる（つまされる）」は文語の動詞で、心を強く動かされるという意味。「とても、人ごとではありません。身につまされる思いがします」が定番の使い方。

□**この上もない**……これに優るものはない、最もよいという意味。「この上もないお話と存じます」などと使う。なお、「この上は～」はまったく意味の違う言葉で、「こういう事態になったからには」と、ネガティブな局面で用いる語。

□**忍《しの》びない**……がまんできない、堪えられないという意。「聞くに忍びない」「見るに忍びない」「捨てるに忍びない」の三つが、定番の使い方。

□**もどかしい……**物事が思うように進まず、いらいらすること。大人語としては「気にいらない」の婉曲表現として使われる。「ご連絡がないことを、もどかしく思っています」といえば、「連絡が遅い！」という意味。

□**とまどう……**どう対処していいか、迷う。まごつく。大人語としては、「不本意である」「困っている」の婉曲表現として使われ、「今回の事態には、いささかとまどっている次第です」などと使う。

10　大和言葉を使いこなすカギは「心」にあり

□**心尽《こころづ》くし……**「大和言葉」には、「心」ではじまる言葉が多数ある。この項では、日本人のこまやかな心情を表すそれらの言葉から紹介していこう。見出し語の「心尽くし」

は、精魂を込めて、できるかぎりのことを行うさま。真心を尽くして、事に当たるさま。もてなし、贈り物、料理などに使うことが多く、「お心尽くしの一品」「心尽くしの手料理」など。

□**心を砕く《くだ》**……前項と意味の似た言葉で、いろいろと気を遣うさま。「心を砕いて、お客をもてなす」などと使う。ただし、苦心する、心配するという意味でも使われるのが、「心尽くし」とは違うところで、こちらの意味では「子供の教育に心を砕く」などと用いる。

□**心配り**……配慮、気遣い、気働き。「温かい心配り」「いろいろと心配りをする」などと使う。熟語の「心配」にも、もとは心配りという意味があったが、今はその意味は消えて、不安、気がかりという意味で使われている。

□**心立て《だ》**……気立て、性格。「心立てのいい娘」「心立てがやさしい人」などと使う。「心根」や「心ばえ」も同様の意味で、「心根がいい」「心ばえがやさしい」など。

□**心がかり**……気になること。気がかり。「心がかりに思う」「母のことが心がかりだ」など。漢字では「心懸かり」とも「心掛かり」とも書く。

□**心急《せ》く**……気持ちばかりが焦って落ちつかない状態。「いささか、心急くことがございまして」。「心忙《せわ》しい」も同様の意味。「近頃、心忙しく過ごしております」など。

□**心苦しい**……申し訳なく思う。気がとがめる。「まことに、心苦しく存じております」「心苦しくは思いますが、今回はご遠慮させていただきます」など、断りや軽めの謝罪でよく使われる言葉。

□**心ならずも**……不本意ながら。やむをえず。これも「心ならずも、ご辞退いたしたく存じ～」などと、断りのフレーズに使うことが多い。一方、「心ならずも引き受ける」

「心ならずも承諾する」のようにも使えるところが、「心苦しい」との違い。

□**心躍《おど》る**……期待で胸がはずむ。「今から、心躍る思いがしております」などと使う。なお、漢字で書くとき、「心踊る」と書かないように。

□**心ゆく**……思う存分、十分満足のいく、気がすむ。「心ゆくまで本場の味を楽しむ」など、今は「心ゆくまで」の形で使うことが多い。

□**心に響く**……心に印象深く伝わってくる、感動する、共感する、という意味で、「心に響く歌声」などと使う。「心を打つ」「心に染みる」も同様の意味で、「心を打つ言葉」「心に染みるお話」など。「心に刺さる」も、やや俗語的ではあるが、近年、同様の意味で使われることが増えている。

□**心を奪われる**……夢中になるさま。心を強くひきつけられ、ほかのことが目に入らないさま。「あまりの美しさに心を奪われる」など。

□**心ある**……思慮分別がある、道理をわきまえている、良心がある。「心ある人々の集まり」「心ある人々は嘆いている」など。対義語は「心ない」で、「心ない仕打ち」など。

□**心安い**……親しみがあって、気心がわかっている、遠慮がいらない、懇意にしている。「心安い間柄」「心安くお付き合いさせていただいています」など。

11 「胸」を制する者は大和言葉を制す

□**胸に迫る**……「胸」は大和言葉では、ほぼ「心」の同義語として使われることが多い。見出し語もそうで、「心に迫る」と言い換えることができる。意味は、強く感じる、感動する、ある思いで胸が一杯になる。「万感胸に迫るものがあった」が定番の使い方。

□**胸に刻む**……これも、「心に刻む」と言い換えることができる。しっかりと受け止め、忘れないでおくこと。「在《あ》りし日の面影を胸に刻む」など。

□**胸を痛める**……これも、「心を痛める」に言い換えることができる。意味は、心配する、心を悩ませる。「息子の将来に胸を痛める」など。なお、「～を傷める」と誤変換しないように注意。

□**胸を突く**……この語には、二つの意味があって、ひとつは、驚く、はっとすることで、「友人の言葉に胸を突かれる」など。もうひとつは、感情がこみあげることで、「寂しさが胸を突く」など。

□**胸を撫で下ろす**……ほっとする、安心する。「安堵の胸を撫で下ろす」が定番の使い方。「無事だったという連絡を受けて、安堵の胸を撫で下ろす」など。

12「うら」のつく大和言葉

□**うら悲しい**……形容詞に「うら」をつけると、より大和言葉らしくなるうえ、表現に深みが加わることが多い。「うら悲しい」は、もの悲しい、なんとなく悲しいという意味で、「うら悲しい秋の夕暮れ」「うら悲しい音楽」「うら悲しいストーリー」などと使う。
なお、この項の「うら」は、漢字ではすべて「心」と書く。

□**うら寂しい**……こころ寂しい、なんとなく寂しい。「うら寂しい場末《ばすえ》の町」「うら寂しい冬枯れの風景」などと使う。

□**うら恥ずかしい**……気恥ずかしい、なんとなく恥ずかしく思う。「光栄と思う一方、うら恥ずかしくもある」など。

□**うら若い**……若く、ういういしい。「うら若い乙女」など、若い女性の形容に使う言葉で、男子にはやや不似合いな形容詞。

13 ネガティブなことを婉曲に表す大和言葉

□**由々《ゆゆ》しい**……容易ならない、重大である、という意。「由々しい事態」など、ネガティブな意味に使われることが多い形容詞だが、まれに「すばらしい」という意味でも使われ、それも間違いではない。

□**ふるわない**……よくない、低迷している。「不振」をひらがなにした言葉といえるが、ニュアンスはやや弱まる。「業績がふるわない」、「打撃がふるわない」など。

□**やる瀬《せ》ない**……思いを晴らすことができず、切なく思う気持ちを表す語。漢字で書くと「遣る瀬無い」で、〝直訳〟すれば、とるべき方法がないという意味。

□**しかるべき**……「しかるべき」は、適当な、ふさわしいという意味で、「謝罪してしかるべき」「しかるべき人を立てる」などと使う言葉。また、「しかるべき筋」や「しかるべき場所」は、警察や裁判所を暗に示す言葉として使われ、「しかるべき筋に訴え出る」など。

□**聞こし召《め》している**……「相当、酔っぱらっている」ことの婉曲表現。「相当、聞こし召しているようです」などと、酩酊状況を表すのに使う言葉。

□**不手際《ふてぎわ》**……手際の悪いことで、「失敗」「不始末」の言い換えとして使われる。「悪気はなかった」というニュアンスを含み、「不手際があったようで」「不手際をお詫びします」など、謝罪の言葉でよく使われている。ただし、濫用すると、責任を回避しているようにも聞こえるので注意。

□**わだかまる**……心が晴れ晴れしない、不満が残っている、という意で、「まだ、わだかまりが残っている」「不満がわだかまる」などと使う。漢字では「蟠る」と書き、もともとの意味は蛇がとぐろを巻くこと。

□**たしなめる**……失礼なことを軽く叱る、注意を与える。「やんわり、たしなめる」などと使う。漢字では「窘める」と書く。

□**せんかたない**……なすべき方法がないという意味。漢字では、今は「詮方ない」と書くが、これは後世の当て字で、本来は「為ん方無い」と書く。「せんかたないこととは思いますが」は、何らかのトラブルに関して、不可抗力であって、相手のせいではないといいながら、やんわり責任を追及するための前置き。

□**口さがない**……人のことを無遠慮に噂するさま。「口さがない連中」「世間には口さがない人たちもいますから」などと使う。

□**居たたまれない**……それ以上、その場に止まっていられない気持ちを表す形容詞。「恥ずかしくて居たたまれない」「居たたまれない気持ち」などと用いる。漢字では「居た堪れない」と書く。

□**軽はずみ**……深い考えなしに調子に乗って物事をすること。「軽はずみな性格」「軽はずみな発言」など。「軽率」というよりは、やややわらかい表現になる。

14　大和言葉で「食べる」

□**お口汚《よご》し**……人に料理をすすめるときに、へりくだって使う言葉。「お口汚しかとは存じますが」「ほんのお口汚しではございますが」など。もとは、食べ物が口を汚す程度の量しかないことを意味した言葉。

□口直し……味のよくないものや苦い薬などを口にしたあと、その味を消すために別のものを食べること。「お口直しに、どうぞ」など。比喩的に、不愉快な出来事のあと、気分を変えるときにも使う。「口直しに、一杯やりませんか」という具合に。

□口当たり……食べ物を口に入れたときの感じ。「舌触《ざわ》り」というよりは、やや品がよく、「口当たりがまろやか」「口当たりのいい酒」などと使う。

□箸休《はしやす》め……食事の間に、気分や味を変えるためのちょっとした料理。「箸休めにどうぞ」など。具体的には、柚子《ゆず》味噌や焼きのりのようなメニューの脇役を指す。

□お茶請《う》け……お茶を飲むときに食べる菓子や漬物のことで、「お茶請けにぴったりかと」

などと使う。なお、「茶の子」も同じ意味で、「お茶の子さいさい」は、茶の子を食べるくらいに、物事がきわめて簡単にできるさま。この「さいさい」は俗謡の囃子言葉。

□**吸い口**……料理用語としては、吸い物に浮かべたり、煮物にそえる葉物などのこと。他に、「キセルの吸い口」のように、道具の口で吸う部分という意味もある。

□**煮《に》炊《た》き**……炊事をすること。食べ物を煮たり、炊いたりすることから。「自分で煮炊きする」「かまどで煮炊きする」など。

15　不吉な言葉を縁起よく表現する

□**有《あ》りの実《み》**……梨のこと。「無し」につながる「なし」という音を嫌い、対義語の「あり」を使って言い換えた言葉。

□**切《き》らず**……おからのこと。「空《から》」に通じる音を嫌って、こう呼ぶ。おからは粉状の食べ物なので、包丁で「切らず」とも使えることから。

□**葦《よし》**……植物の葦《あし》の別称。「悪し」につながるアシという音を嫌って、対義語の「ヨシ」と呼ぶ。

16 大人なら知っておきたい大和言葉〈名詞編〉

□**おもたせ**……来客が持ってきた手土産。その手土産をすぐに開けて、来客本人に出すときには、「おもたせで申し訳ありませんが」と一言断るのが、接客の常識。

□**薄物《うすもの》**……薄く織った織物。具体的には、紗《しゃ》や絽《ろ》など、透けて見えるような布でつくった夏用の着物。「薄物をまとう」など。

□**よしみ**……親しみ。親しい関係。「よしみを通ずる」は、よく使われる成句。漢字で書くと「誼」で、旧誼、高誼、厚誼、交誼、友誼などの熟語に使われる漢字。

□**ご入《い》り用《よう》**……必要であること。「ご入り用の向きがあれば」などと使い、「ご必要」というよりも、接客用のこなれた敬語をつくることができる。

□**人となり**……人柄や性質。「温和な人となり」、「誠実な人となり」のように、ほめ言葉に使い、〝冷たい人となり〟などとは使わない。漢字では「為人」と書く。

□**かんばせ**……「かおばせ」が音変化した言葉で、顔つき、容貌のこと。漢字では「顔」一字で「かんばせ」とも読む。成句の「花のかんばせ」は、「花のように美しい顔」という意味。また、面目や体面という意味にも使われ、「何のかんばせあって、○○できようか」が、この意味での定番の使い方。

□**身過《みす》ぎ**……生活していくこと、その手だて。「世過ぎ」や「口過ぎ」も、同じ意味で、「身過ぎ世過ぎの仕事」など。

□**しじま**……静まりかえっているさま。「夜のしじま」が定番の使い方。物音ひとつしないという意味なので、「夜のしじまのなか、音楽を楽しむ」というような表現は、いささかおかしい。漢字では「静寂」と書いて、「しじま」とも読む。

□**雨もよい**……雨が降りだしそうな空模様。「雨もよいの空」など。「あめもよい」という人が増えているが、本来は「あまもよい」。なお、雪が降り出しそうな空模様は「雪もよい」。漢字では「雨催い」「雪催い」と書く。

□**お湿《しめ》り**……時期や量が適当な雨。具体的にいうと、しばらく晴れた日が続いたあと、世の中を湿らせるのに適度な雨。「ちょうどいいお湿りがありまして」など。一方、久しぶりにほどよく晴れるのは「お照らし」。

17 大人なら知っておきたい大和言葉〈動詞・形容詞編〉

□**言祝《ことほ》ぐ**……今は「新年を言祝ぐ」など、単に「祝う」という意味で使われているが、本来は「祝いの言葉を述べる」という意。「寿ぐ」とも書く。

□**弁《わきま》える**……「礼儀を弁える」「場所柄を弁える」など、「よく知る」という意味で使われているが、本来は「物事を区別する」という意味。今もその意味で使われているのが、「公私の別を弁える」など。

□**袖《そで》を通す**……衣服、とりわけ新しい衣服を着ること。「新しい着物に袖を通す」など。

上等、高価な衣服にしっくりくる言葉で、「ジャンパーに袖を通す」ではいささかミスマッチ。

□**いざなう**……さそうこと。今は「旅にいざなう」「夢の国にいざなう」など、キャッチコピーでよく使われている。漢字では「誘う」と書くが、「さそう」と同じになるので、今は「いざなう」とひらがなで書かれることが多い。

□**詳《つまび》らかにする**……詳しいところまで、明らかにするという意味。「委細を詳らかにしていただきたいと存じます」は、詳しい説明を求めるときの定番フレーズ。「審らか」とも書く。

□**暮《く》れ泥《なず》む**……「泥む」はなかなか進まないという意味で、「暮れ泥む」は日が暮れそうで暮れないさま。春、日が長くなり、なかなか暮れなくなった時期に使うのがふさわしい言葉。

□**さんざめく**……「さざめく」が音転化した言葉で、にぎやかに騒ぐという意味。

□**のどやか**……のどか、うららか。「のどやかな季節」などと使う。漢字で書くと「長閑やか」で、「のどか（長閑）」と同様の意味なのだが、「のどかな農村」といっても「のどやかな農村」とはいわないように、形容する対象は微妙に違う。

□**草深《くさぶか》い**……草が深く繁っているさま。そこから、ひなびた場所、辺鄙《へんぴ》な田舎の形容に用いられる。「草深い里」「草深い田舎」など。

□**賑々《にぎにぎ》しい**……たいへんにぎやか。今では、出迎えの形容によく使われ、「かくも賑々しいお出迎え、痛み入ります」などと使う。

Column 3 風情のある季節の言葉

日本人なら、頭のデータベースに入れておきたい、趣きのある「季節の言葉」を集めました。

〔いろいろな風〕

□春荒《はるあれ》……春に吹く強風。その風は、春嵐《はるあらし》、春疾風《はるはやて》とも呼ばれる。

□青嵐《あおあらし》……初夏、青葉の季節に吹く南風。「せいらん」とも読むが、俳句の世界では「清嵐」(晴れた日に吹く強風)と区別するため、「あおあらし」と読むことが多い。

□初嵐《はつあらし》……台風シーズンに入る前、陰暦7~8月にかけて吹く強風。

〔いろいろな雨〕

□菜種梅雨……菜種の花が咲く頃に降る雨。3月末から4月頃の雨。

□春時雨《はるしぐれ》……春雨よりも、やや強い雨を表す語。

□青梅雨《あおつゆ》……新緑に降りそそぐ梅雨。

□走り梅雨……梅雨入り前の5月頃に降る梅雨のような雨。

□送り梅雨……梅雨が明ける頃、強い雨が降ること。梅雨を送り出すような雨。

〔いろいろな曇り〕

□鳥曇《とりぐもり》……日本で越冬した渡り鳥が、北へ去る時期の曇り空。天気が変わりやすい時期で、曇りの日が多い。

□鰊曇《にしんぐもり》……春、北海道でニシン漁が行われる頃の曇り空。『石狩挽歌』の歌詞に登場する。

□花曇《はなぐもり》……桜の咲く季節の曇り空。どんよりと暖かい。

〔いろいろな季節の言葉〕

□光の春……2月のこと。まだ寒いものの、日は長くなるところから。

□木の芽時……新芽が出る季節のこと。とりわけ、柳の芽は早春のシンボル。

□遅春《ちしゅん》……暦の上では春になっているのに、なかなか暖かくならないこと。

□短日《たんじつ》……冬の短い日中。

□短夜《たんや》……短い夏の夜。「みじかよ」とも読む。対義語は「長夜《ちょうや・ながよ》」で、秋や冬の長い夜を指す。

□麦の秋……麦の刈り入れ時で、初夏のこと。この「秋」は「時」という意味で、刈り入れ時を意味する。

Step4

頭のいい人は一つ上の日本語をストックしている

言葉は「人間力」のバロメーター。ちょっとした一言に、品や教養のあるなしが表れます。たとえば、人を「ご都合主義」と評するよりも、「オポチュニスト」と言ったほうが、多少は知性を感じさせる〝悪口〟になるでしょう。

というわけで、この章には、うまく使いこなすと、〝頭がよく見える日本語〟をまとめました。これらの言葉の意味を正確に知っていれば、世の中に対する理解力も増すはず。その意味でも、頭に入れておいて損のない言葉ぞろいです。

1　日本人だけが知らない世界標準の言葉

□**アリアドネの糸**……欧米では、ギリシャ神話やギリシャ哲学は〝標準装備〟の教養。そこで、この項には、古代ギリシャ発の有名フレーズをまとめた。見出し語の主人公は、古代ギリシャの英雄テセウス。怪物ミノタウロスを退治するため、クレタ島を訪れたとき、女神アリアドネが〝糸〟を与えたという話にちなむ語。テセウスはその糸に導かれて、怪物を退治した後、迷宮から脱出することができたという。その故事から、「アリアドネの糸」は、問題解決の道しるべとなるものを指す。

□**テセウスの船**……前項に続いて、英雄テセウスの名が出てくる哲学的命題。物体のすべての部品が置き換えられたとき、それは同じモノといえるのかどうかという命題で、同一性に関する思考実験を意味する。テセウスが怪獣を退治後、クレタ島から帰還する際に使った船には30本の櫂《かい》があったが、それらがすべて新しいものに置き換えられたという故事にちなむ。

□**ヘラクレイトスの川**……ヘラクレイトスは、「万物は流転する」という言葉で有名な古代ギリシャの哲学者。「ヘラクレイトスの川」は、前項と同様の同一性に関する命題で、彼は、「川はつねに違う水が流れているので、同じ川に二度と入ることはできない」と主張したと伝えられる。

□**プロクルステスの寝台**……これで、「むちゃくちゃなこじつけ」という意味になる。プロクルステスは、古代ギリシャの強盗の名。彼は、旅人を捕らえると、自分のベッドに寝かせて、背が高い者は体を切ってベッドのサイズに合わせ、背が低い者は体に重しをつけて無理やり伸ばして、やはりベッドの大きさに合わせた。そこから、自説を補強するため、都合のいい事実だけを切りとったりすることを意味する。

□**機械仕掛けの神**……古代ギリシャ劇の演出法のひとつで、エンディングで神が現れて、〝強制終了〟的に物語を終わらせる手法。その場面で、神を演じる役者がクレーンのような機械仕掛けで登場したことから、この名がある。むろん、ほめ言葉ではなく、現代の欧米では安易な解決法、ほめられた解決法ではないという文脈で使われる言葉。

□**カルネアデスの板**……古代ギリシャの哲学者カルネアデスが提示した、緊急避難に関する命題を意味する。「船が難破し、海に投げ出された男が板切れにしがみついたところ、もう一人の男がすがりついてきた。その板では二人の体重を支えられないため、先の男は、後からきた男を突き飛ばし、水死させた。彼の行為は許されるのか?」……という緊急避難をめぐる思考実験であり、古今東西、ミステリー小説、法廷劇などのテーマになってきた命題。

□**イカロスの翼**……イカロスは、ギリシャ神話上の伝説的な大工ダイダロスの息子。親子は塔に幽閉されるが、鳥の羽を蠟《ろう》で固めた翼をつくって、空を飛び、脱出に成功する。

その後、イカロスは、父の警告に従わず、空高く飛ぶ。すると、太陽熱によって蠟が溶けて翼はこわれ、イカロスは墜落死した。そこから、身のほどを知らない者は破滅するという文脈で使われてきた言葉。

□プロメテウスの火……プロメテウスは、ギリシャ神話の神。大神ゼウスの反対を無視し、天界の火を盗み出して、人類に火をもたらしたという。火は人類に文明をもたらすが、同時に戦争や災厄を大きくした。そこから、「プロメテウスの火」という言葉は、現代では原爆や原発の暗喩としてよく使われている。

□シーシュポスの岩……日本でいう「賽《さい》の河原の石積み」と同様の意味で、「徒労」の代名詞。ギリシャ神話によると、シーシュポスは神々を欺いた罰として、巨岩を山の頂上まで押し上げるように命じられた。ところが、山頂まであと少しというところで、岩は底までころがり落ち、彼はその苦行を永遠に繰り返すことになったという。この神話から、フランスの作家カミュは『シーシュポスの神話』という随筆を書いた。

□**ピュロスの勝利**……ピュロスは、古代ギリシャの王の名。彼は、当時新興国だったローマの軍を撃破するものの、自軍の被害は大きく、またローマ軍は講和に応じなかった。そこから、「ピュロスの勝利」は、損害が大きく、得るものが少ない勝利という意味。今は、「割に合わない話」という意味でも使われている。

2 使いこなすとカッコいい言葉

□**ライナスの毛布**……人のモノへの執着を表す言葉。スヌーピーでおなじみのマンガ『ピーナッツ』で、幼児のライナスがいつも毛布を持っていることに由来する。別名「安心毛布」。「ブランケット症候群」（特定のモノを持っていないと不安になる症候群）という言葉もある。「○○は、彼にとってのライナスの毛布なんだよ」などと使う。

□**チェーホフの銃**……チェーホフは、ロシアの劇作家・小説家。彼は、手紙などで、次のように言及している。「誰も発砲すると考えもしなければ、弾を装填したライフルを舞台上に置いてはならない」。つまり、ストーリーに無用の要素を持ち込んではならないという作劇上の心得。「それは、チェーホフの銃になるのじゃないの？」など。

□**燻製ニシンの虚偽**……これも、ドラマの筋立てをつくる技術のひとつで、ミス・ディレクションのこと。推理小説などで、読者の注意を真犯人からそらせるため、ニセの手掛かりをおくことを意味する。燻製ニシンの臭いによって、猟犬の注意がそらされることに由来する。

□**親殺しのパラドックス**……タイムトラベルに関する命題。タイムマシンで過去に行き、自分の親を殺すと、自分は生まれてこないので、親を殺すことはできない。一方、自分が生まれてこなければ、親は殺されないので、やがて自分が生まれ、親を殺すことになるという矛盾。１９４３年、バルジャベルというフランスのＳＦ作家が、このパラドックスを最初に小説化した。

□自己言及のパラドックス……別名「嘘つきのパラドックス」。「私は嘘つきです」という言葉が真実なら、私は嘘つきになるので、この言葉は嘘ということになり、嘘つきであるという前提が崩れてしまう。一方、この言葉が嘘なら、私は嘘つきではないので、この言葉は真実ということになってしまう……というように、真偽を決められない論理の連鎖が続く状態を表す。

□ハーメルンの笛吹き男……グリム童話で有名になった民間伝承。1284年、一人の男が笛の音でネズミをおびきよせ、川で溺死させて駆除した。ところが、町人たちは、男に約束した報酬を支払わなかった。すると、男は再び現れたとき、笛を吹いて今度は子供たちを連れ去った。この話から、日本では「物事を主導し、人々をリードする者」、あるいは「人々を惑わす者」という意味で使われている語。なお、「ハメルーン」と言い間違いやすいので注意。

□**沈黙の螺旋**……ドイツの政治学者ノイマンが提唱した法則。マスコミ報道によって、多数派の意見が広く知られると、同調圧力が生じて、少数派は沈黙しがちになる。すると、多数派の声はさらに大きくなり、少数派の声はますます小さくなる。その連鎖により、〝螺旋〟を描くように、多数派が増えていくという法則。

□**ツァイガルニク効果**……ツァイガルニクは、旧ソ連の心理学者。ツァイガルニク効果は、「人は達成できなかった事柄、中断した事柄は、達成できた事柄よりも、よく覚えている」という心理効果。たとえば、未完に終わった恋愛をいつまでも忘れない、というような心理現象を指す。

□**不気味の谷**……ロボット工学者の森政弘が提唱したロボットの外見にかかわる心理現象。まず、技術が進歩し、ロボットの外見が人間に似てくると、人間は好感を抱く。ところが、あるレベル以上に似てくると、今度は気持ち悪さを感じるようになる。さらに、ロボットの外見が人間と区別がつかなくなるほどに似てくると、嫌悪感は消えるという心理現象。人間がロボットに抱く好感度をグラフ化したとき、「谷」のようなカーブを描くことからのネーミング。

□**栄光ある孤立**……19世紀後半のイギリスの同盟を結ばない外交政策を指す言葉。イギリスがこの外交原則を破って結んだのが、日英同盟だった。「あんな相手と結ぶよりは、栄光ある孤立を選んだほうがいい」などと使われる。「名誉ある孤立」ともいう。

□**マルサスの罠**……イギリスの経済学者マルサスが提唱した理論。「人口増加は、食料生産の増加を上回るため、やがて食料不足や貧困が進み、飢餓、病気、戦争など、人口を抑える要因が起きる」という法則。ところが、マルサスの死後、農薬の進歩など、農業技術の革新によって農業生産が拡大、彼の理論どおりにならなかったことはご承知のとおり。

□**共有地の悲劇**……多くの人が利用できる共有資源は、乱獲され、やがて資源の枯渇を招くことになるという経済法則。要するに、「みんなのものは一瞬にしてなくなる」という現象。「コモンズの悲劇」ともいう。

□**ミンスキーの瞬間**……アメリカの経済学者ハイマン・ミンスキーが提唱した経済理論。土地や株の値段が下がりはじめた瞬間、投げ売りが始まり、あっという間に暴落していく過程を説明する理論。過去に起きたバブル経済の崩壊の大半は、この理論で説明できるという。

□**色の革命**……もとは、２０００年頃から、中央アジア、中・東欧諸国で起きた革命。グルジア（現ジョージア）のバラ革命、ウクライナのオレンジ革命などで、「カラー革命」、「花の革命」とも呼ばれる。その後、２０１０年に起きたチュニジアのジャスミン革命など、中東での一連の革命、革命的事件を含む言葉になっている。

3 「イスト」がつくいろいろな言葉

□**オポチュニスト……**機会主義者、日和見主義者、ご都合主義者。「オポチュニズム」は、自分の考えを持たず、大勢に従って意見を変えること。「うちの課長はオポチュニストだから」など。

□**ラジカリスト……**過激派、急進主義者。「ラジカル」は、根本的なという意味で、そこから徹底している、過激である、急進的であるという意味が生じた。こちらは「ラジカルすぎる意見」、「ラジカルな考え」などと使われる。

□**ラショナリスト……**「ラショナル」は合理的という意味で、合理主義者のこと。「ナショナリスト」(国家主義者)とは、まったく意味の違う言葉なので注意。

□**リビジョニスト**……修正主義者。具体的には、これまで正統とされてきた学説や見解に異議を唱える人々、歴史観に修正を迫る人を指す。

□**ファンダメンタリスト**……原理主義者。イスラム教だけでなく、キリスト教にもいて、聖書の記述を絶対的に信仰する人々を指す。また、頭が固く、融通のきかない人を揶揄的にこう呼ぶこともある。「彼は、ファンダメンタリストだからねぇ」など。

4　これが大人の「…イズム」

□**セクショナリズム**……一つの部門に閉じこもり、他を排除する傾向。要するに「縄張り根性」のこと。組織内にあって、自分たちの権利・権益を守るため、国、役所、企業など、あらゆる組織で起こりうる現象。

□スノビズム……俗物根性。教養人ぶった態度のこと。あるいは、軽薄な流行を追いかけるような趣味を意味する。これが、フランス語になると、スノビスムと濁らない発言になる。

□アナクロニズム……時代錯誤。現代では受け入れられない時代遅れの思想、行動、感覚などで、「アナクロ」と略される。「そんなアナクロな話、これ以上聞いていられないよ」など。

□ペシミズム……厭世主義。悲観主義。ラテン語で「最悪」を意味する言葉から派生した言葉で、世の中を悲観的にみる考え方のこと。「その見方は、ペシミズムに傾きすぎているのでは」などと使う。反対語はオプティミズム（楽観主義）。

□プラグマティズム……功利主義哲学。その知識が真理かどうかは、それが現実の中で有効かどうかで決まるという考え方。一般的には「役にたつものなら何でも使う流儀」、「理論よりも現実」といった意味で使われている。そもそもの語源は「行動」を意味するギリシャ語。

□**ネポチズム**……身内を政治的に登用する一族政治。同族登用。縁故者をひいきにして、公職などに採用すること。

□**バンダリズム**……蛮行、芸術・文化に対する破壊行為。5世紀、ゲルマン民族の大移動の際、バンダル族がローマを破壊したことから。最近は「ヴァンダリズム」とも表記し、「バ」か「ヴァ」か、まだ定まってはいない。

□**オクシデンタリズム**……オクシデントは「西洋」のことで、それにイズムがつくと、西洋風、西洋崇拝、西洋趣味、西洋気質といった意味になる。対義語はオリエンタリズム。

5 初耳では少し恥ずかしい「法則」

□**パレートの法則**……イタリアの経済学者パレートが提唱した法則で、経済活動などでは、2対8に分かれることが多いという法則。たとえば、ひとつの組織では、2割の優秀な働き手と8割のそうではない人々がいることなど。いわゆる「2・8の法則」。

□**ハインリッヒの法則**……1件の重大事故の裏側には、29件の小さな事故があり、そのまた背後には300件の異常があるという法則。ハインリッヒは、1929年にこの法則を発表したアメリカの損保会社の副部長の名。別名「ヒヤリハットの法則」ともいわれる。

□**パーキンソンの法則**……英国の政治学者パーキンソンが提唱した法則。「役人の数は、仕事の量とは無関係に増え続ける」という〝要約〟がよく知られているが、ほかにもいくつかの法則がある。

□**ピーターの法則**……１９６９年、アメリカの教育学者ローレンス・Ｊ・ピーターが提唱した法則。人は、組織内で、自分の能力の限界まで出世するため、組織の上部は、その地位が要求する水準には達しない無能者で埋められるという法則。

□**メラビアンの法則**……メラビアンは、アメリカの心理学者の名。コミュニケーションにおいて人が受け止める情報は、相手の話の内容などの言語情報が７％、口調や話の速さなどが38％、見た目などの視覚情報が55％という実験結果を指す。要するに、38＋55＝93％で、『人は見た目が９割』というわけ。

□**３Ｂの法則**……広告で、人の目をひくといわれる要素。「３Ｂ」とは、Beauty（美人）、Baby（赤ちゃん）、Beast（動物）の略。〝美人〟の動物の赤ちゃんである上野のパンダ、シャンシャンなどは〝鉄板〟の素材ということになる。

□ジャネの法則……ジャネは19世紀のフランスの哲学者。「同じ長さの時間でも、若い者ほど長く感じ、年とった者は短く感じる」という法則。「ジャネーの法則」とも表し、彼の名の書き方とともに、まだ定まっていない。

6　初耳では少し恥ずかしい「効果」

□ヴェブレン効果……購入するものが高価であればあるほど、それを手に入れること自体に特別の価値や欲求が生まれる現象。そのため、人はあえて値段の高い商品を選ぶことがあり、高価なブランド商品がよく売れるのは、この効果が働いているからといえる。ヴェブレンは、アメリカの社会学者の名。

□ゴーレム効果……人に対して悪印象を抱くと、実際に相手が悪い人になっていくという現象。たとえば、教師が生徒に対して頭が悪いと思って接すると、成績が下がっていくような現象を指す。ピグマリオン効果（期待をかけて接すると、実際に成長していく効果）の反対の現象。ゴーレムは、ユダヤ教の伝承に登場する動く泥人形の名。

□バタフライ効果……蝶の羽ばたきのような小さな動きが、波及・拡大し、多大な影響を及ぼすようになる効果。わずかな変化が、その後の状況、状態を大きく変える現象を指す。「蝶がはばたくほどの小さな攪乱《かくらん》要因が、遠方の気象に影響を与えるか?」という内容の講演のタイトルに由来する言葉とみられる。

□シャワー効果……デパートの最上階で催し物などを行って集客すると、シャワー水のように上階から下に降りてゆくお客が「ついで買い」をして、店舗全体の売り上げが伸びる効果。反対に、デパ地下にお客を呼び、地下から上階にお客が移動していくことを「噴水効果」と呼ぶ。

□**アナウンス効果**……選挙などで、事前の予想が人々の投票行動に影響を与え、結果を左右する効果。たとえば、有利と報道されると、相手候補への判官びいきから、意外に苦戦することになるなど。

□**ウェルテル効果**……自殺に関する報道に影響されて、自殺者が増える現象。とりわけ、有名人、タレントなどの自殺が、一般人の自殺を誘発する効果。アメリカの社会学者が指摘した現象で、ゲーテの『若きウェルテルの悩み』にちなむネーミング。この作品では、ウェルテルが自殺することから。

□**カリギュラ効果**……禁止されるほど、見たくなる、やってみたくなるという心理傾向。映画『カリギュラ』(1980)が、過激な内容から一部地域で上映禁止になると、世間の注目を集めて、大ヒットしたことに由来するネーミング。

7 初耳では少し恥ずかしい「現象」

□**コートテール現象**……選挙で、リーダーに人気があると、その影響力で、有力ではない候補者まで当選する現象。男性のフロックコートの後ろ裾が長いことに由来するネーミング。

□**ストロー現象**……新幹線や高速道路が開通すると、地元客を大都市圏に奪われ、地方の活力がますます下がっていくという現象。新交通機関がストローとなって人、モノ、資産などが吸い取られるイメージから名づけられた。

□**ウィンブルドン現象**……門戸開放政策によって、外国勢が勢いを増し、地元勢が淘汰される現象。英国で開催されるテニスのウィンブルドン選手権で、世界中から強豪が集まり、英国選手が勝てなくなったことから。

□**ブロッケン現象……**山の上で、自分の影が雲に大きく映る現象。太陽光が背後からさしこみ、雲粒などによって、光が拡散することによって起き、「ブロッケンの妖怪」ともいわれる。「ブロッケン」はドイツ中部の山（標高１１４２メートル）の名。

□**ゲシュタルト崩壊……**「ゲシュタルト」はドイツ語で「形」のこと。ゲシュタルト崩壊は、たとえば同じ文字をずっと見つづけていると、その字の形に見えなくなってくるという知覚現象。

8 初耳では少し恥ずかしい「コンプレックス」

□**エディプス・コンプレックス……**フロイトが提唱した精神分析用語。いわゆるマザコンのことで、男の幼児が無意識のうちに母親に愛着を抱き、父親に敵意を抱く感情。「エディプス」は、ギリシャ神話に登場するオイディプスのことで、彼が父とは知らずに父を殺害、生母と結婚したという話にちなむ。

□**エレクトラ・コンプレックス**……精神分析用語で、女児が父親に対して性的な思いを寄せ、母親に対して反発する傾向。「エレクトラ」は、ギリシャ悲劇に登場する女性で、母親を殺害したとされる。

□**カイン・コンプレックス**……ユングが使った精神分析用語。一般的には、兄弟間の心の葛藤、競争心や嫉妬を意味する。旧約聖書によると、兄カインと弟アベルが神に捧げ物をしたところ、神はアベルの捧げ物に目を止め、カインの捧げ物は無視した。すると、カインは怒りを爆発させ、弟を殺害したというエピソードに由来する語。

□**シンデレラ・コンプレックス**……女性が、自分の人生を変えてくれる〝王子様〟の出現を待つ依存傾向。アメリカの女性作家が提唱した概念で、童話『シンデレラ』のように、外界から訪れる何かが自分を変えてくれると思うような心理傾向を表す。

9 初耳では少し恥ずかしい「症候群」

□**ピーターパン・シンドローム**……パーソナリティ障害の一種で、年齢的には大人になっているものの、精神的には大人になりきれない男性を意味する。ピーターパンが永遠の少年であることから。1983年にアメリカの心理学者が提唱した概念。

□**マクベス症候群**……潔癖症。シェイクスピアの戯曲『マクベス』で、マクベス夫人が殺人を犯し、血塗られた手をしきりに清めようとする行為からのネーミング。

□**ストックホルム症候群**……誘拐や監禁事件の被害者が、しだいに犯人にシンパシーを抱きはじめる現象。１９７３年、ストックホルムで起きた銀行人質立てこもり事件で、犯人が寝ている間に、人質が警官に銃を向けるなどの現象が起きたことから。なお、ほぼ同じ意味の言葉に「リマ症候群」がある。これは、在ペルー日本大使館公邸占拠事件で、監禁された人々が犯人に同情的になった現象からのネーミング。

□**青い鳥症候群**……メーテルリンクの童話『青い鳥』のチルチルとミチルが、幸せの青い鳥を探しに出かけたように、現実を直視しないで、「もっといい何か」を探し求める人々を指す言葉。

10　初耳では少し恥ずかしい行動経済学の言葉

□**現状維持バイアス**……変化よりも、現状維持を望む心理傾向。だから、人は、変化によって利益が得られそうと思っても、なかなか行動を起こすことができない。人が変化を恐れるのは、根源的には自分を守りたいという防衛本能に由来するとみられる。

□**アンカリング効果**……最初に与えられた情報が、その後の判断に影響を与える効果。たとえば、最初に普通は5万円の商品と聞き、それを3万円に値下げすると聞くと、5万円という数字が基準になって、3万円が安く感じられるといった効果。船がアンカー(錨)を下ろすように、最初の数字、情報などが基準になることから、この名で呼ばれる。

□**保有効果**……自分が保有するものに高い価値を感じ、手放すことに抵抗を感じる心理傾向。だから、人はなかなかモノを捨てられないし、愛用の品を手放せないし、下がった株を売ることもできなくなるといった傾向。

□**サンクコスト**……すでに支出され、今後、回収不可能なコスト。「サンク」は沈むという意味で、「埋没費用」「埋没コスト」と訳される。人間はサンクコストにこだわる傾向があり、たとえば、その先、見込みがない事業でも、今まで資金をつぎこんだのだからとサンクコストにこだわり、撤退できなくなって傷口を広げてしまうことになりがち。

□正常化バイアス……「バイアス」は偏り、偏見のことで、自分にとって都合の悪い情報を無視したり、過小評価したりする心理傾向。平たくいえば、周囲で大変なことが起きていても、「自分は大丈夫」と思い込む心理現象。

11 基礎教養として心得ておきたい哲学・文学用語

□アウフヘーベン……ドイツの哲学者ヘーゲルが、弁証法のなかで使った用語で、「止揚」と訳される。ドイツ語では、もとは「拾い上げる」という意味の動詞で、あるものを否定しながら、さらに高い段階で生かすこと。

□アプリオリ……カントや新カント派の哲学者がよく使った言葉で、もとはラテン語。

「先天的」や「先験的」、「超越的」と訳され、経験に先立って、すでにある認識や概念を表す。たとえば、時間や空間は、経験に先立つアプリオリな概念といえる。

□**アポリア**……もとは、アリストテレス哲学の用語で、一般的には「解答のない難問」という意味で使われている。もとは、ギリシャ語で、通路がないという意味。

□**アフォリズム**……箴言《しんげん》。具体的には、人生経験などに裏打ちされた真理を含んだ短い名文句。芥川龍之介の『侏儒《しゅじゅ》の言葉』は、アフォリズムをまとめた「箴言集」ということになる。

□**エピグラム**……警句。真理を突く短い言葉。これを「エピグラフ」と混同しないように注意。「エピグラフ」は巻頭の言葉、題辞、あるいは石碑などに刻む碑文のこと。

□**フォークロア**……民間伝承。あるいは民俗学のことで、これは古くから伝わる風習や伝承などを研究する学問。今は、いわゆる「都市伝説」という意味でも使われている。

□**トラジディ**……悲劇。最近は「トラジェディ」とも表記する。なお、「コメディ」は喜劇、トラジコメディは悲劇と喜劇の合成語で、「悲喜劇」を意味する。

□**リリカル**……叙情的。主観的な感情を直接的に表現すること。「リリシズム」は叙情性、「リリック」は叙情詩を意味する。「リリカルに描かれた作品」、「リリカルな詩」、「リリカルに歌う」などと使う。

□**アネクドート**……政治を風刺する小話、ジョーク。ソ連時代に不満の捌《は》け口として、流行した。もとの意味は、ギリシャ語で「秘密のもの」「公にならなかったもの」。

□**ディストピア**……「ユートピア」の対義語で、「反理想郷」と訳される。「ディストピア小説」は、暗い未来を描く小説で、ＳＦの定番ジャンル。

Step5

カタカナ語を操って、知的に話す、書く、読む

カタカナ語の氾濫を嘆く声があるなかでも、カタカナ語はどんどん数を増やしてきました。その理由は、「海外生まれの新概念を伝えるには、カタカナ語を使ったほうが便利」だからでしょう。グローバル化した世界で日々生まれている新概念を伝えるには、無理して日本語に訳すよりも、むしろカタカナ語を使ったほうがわかりやすいのです。

今後も、地球が狭くなるなか、カタカナ語はいよいよ増えていくことでしょう。そこで、本章には、より知的に話し、読み書きするために必須のカタカナ語をまとめました。

1　経済・ビジネス関連のカタカナ語

□**ファブレス**……fablessとつづり、fabrication（製作）がless（ない）という意味。つまり、工場を持たない製造企業のこと。自社は研究開発や製品設計に特化し、生産は他社に外注する企業。アップルがその代表格で、「ファブレス企業」などと使う。

□**マウスイヤー**……ＩＴ産業の進展の速さを表す言葉。ネズミが人間の20倍近いスピードで成長することからの造語。「現体制では、マウスイヤーで進む状況変化についていけません」などと使う。なお、類語の「ドッグイヤー」は、マウスイヤーよりは遅いというニュアンス。犬の成長速度は人間の7倍といわれる。

□**ＢＡＴ**……中国のＩＴ関連３大企業の総称。バイドゥ（検索エンジン）、アリババ（ネットショッピング）、テンセント（SNS関連）の3社を指す。

□**ウィナー・テイク・オール**……勝者がすべてを手に入れること。「勝者総取り」と訳され、経済社会では、IT時代に入って起きやすくなったといわれる現象。また、政治では、アメリカの大統領選挙制度がその代表格で、州単位の勝者がその州の代議員を総取りする。

□**レピュテーション・リスク**……風評リスクのこと。ネガティブな評判や噂によって、企業の信用やブランド価値が大きく損なわれるリスク。インターネット社会では、ひとつの悪評で、飲食店などが閉店に追い込まれることもありうる。レピュテーション・リスクをどうコントロールするかは、企業経営の重要技術になりつつある。

□**ベストエフォート**……もとは、契約上の義務規定に使われる用語で、「最善努力」と訳される。そこから、一般的には、最大の結果を得るための努力という意味で使われ、「ベストエフォートを期待していますよ」などと使われる。

□**ホイッスル・ブロワー**……組織の不正を告白する内部通報者のこと。ホイッスルは警笛、汽笛、審判の鳴らす笛という意味で、直訳すると、警笛を吹く人という意。

□**ワーカブル**……実行可能な、実際的な、使える、という意味で、「ワーカブルなアイデアだと思うよ」、「ワーカブルな計画はないのかね」などと使う。

□**マネタイズ**……もとは、金属から貨幣を鋳造するという意味の言葉。２００７年頃からは、ネットビジネスで、無料サービスから収益を上げる方法を指すようになった言葉。訳すと、「収益事業化」「有料事業化」あたり。

□**ローンチ**……launchは「(組織的な活動を）始める」という意味で、新事業や軍事行動を「始める」という意味で使われる単語。それがカタカナ語化した「ローンチ」は、(企業活動の）立ち上げ、発進という意味で使われている。「新プロジェクトをローンチする」、「春に新製品をローンチする」など。

□**キックオフ・ミーティング**……プロジェクトをスタートさせる際に開く集まり、会議。メンバーに一体感や使命感を持たせる意味では、重要な集まりといえるが、わが国ではおおむね顔合わせ程度で終わることが多い。サッカーやラグビーの試合が、キックオフで始まることから生まれた言葉。

□**マイクロマネジメント**……直訳すると「細かすぎる管理」。管理職が部下の仕事ぶりに干渉しすぎることを意味する。「彼はマイクロマネジメント専門で、トップの器ではない」など、否定的な意味で使われる。

□**コンセプト・ストア**……その店独特のコンセプト（考え方・概念）にもとづく店。その店舗のオーナー、店長らの感性や主張に沿って、品ぞろえをしている店。おおむね、ファッション関係のストアを意味することが多い。

□ボリューム・ゾーン……マーケティング用語で、購買層や価格帯の中心となる層。「（消費者の）ボリューム・ゾーンを狙わなきゃ、大きな利益は出ないよ」などと使う。

□ハード・ランディング……ソフト・ランディング（軟着陸）の対義語。「硬着陸」とも訳されるが、あまり使われない。意味は、多少のトラブルやコストを伴っても、課題を強引に解決すること。たとえば、問題企業を延命させるのではなく、法的に整理することを意味する。「現状では、ハード・ランディングもいたしかたない」など。

2 悪口に使えるカタカナ語

□ブッキッシュ……もとは「本好きの」という意味だが、机上の空論、実際的ではないという意味で使われている。「その議論、すこしブッキッシュですね」といえば、理屈としては整っているものの、実際的ではないという批判になる。また、かたくるしいという意味もあり、「ブッキッシュ・イングリッシュ」は、かたくるしい英語のこと。

□**レームダック**……政治的に死に体となった政治家のことで、アメリカ大統領に対して使われることが多い。「レームダック現象」、「レームダック状態」など。もとの意味は「足の不自由なアヒル」。

□**ノイジー・マイノリティ**……政治的に、声の大きな少数集団。政治に対して大きな影響力を持つ圧力団体などを指す。反対語は「サイレント・マジョリティ」（静かな多数派）。

□**フリーライド論**……ただ乗り論。コストを負担せずに、利益を受ける者を非難する言葉。かつては、戦後の日本が、安全保障をアメリカまかせにし、経済発展に専念してきたといわれることへの非難としてよく使われた言葉。ただし、日本経済が沈みはじめてからは、耳にする機会が減っている。

□**フィリバスター**……議事進行を遅らせるため、長時間の演説を行う行為。与野党の対決法案をめぐり、与党による採決を阻止、あるいは少しでも遅らせるために、野党が行う抵抗法。結果的には、多数派に押し切られ、パフォーマンスに終わるのが常。

□**エピゴーネン**……ドイツ語で、亜流、模倣者という意味。日本では、「彼の作品は出来の悪いエピゴーネンに過ぎない」などと、「パクリ」「二番煎じ」をやや高尚に表す表現として使われている。

3　最近よく耳にする気になるカタカナ語

□**マージナル**……この語には二つの意味があり、ひとつは地域的、周辺的という意味で、

「マージナルな問題」などと使う。もうひとつの意味は「限界的な」で、経済学で「マージナルコスト」といえば「限界費用」のこと。限界費用は、生産量を1単位増やすのにかかるコストの追加分を意味し、費用対効果を考えるうえで、ひじょうに重要な概念。

□**マイルストーン**……本来は、距離を表示する標識、里程表のこと。そこから、節目や画期的な事件という意味で使われ、「歴史のマイルストーンとなった事件」など。

□**スマートフォン・ゾンビ**……英語の俗語で「歩きスマホ」のこと。スマホを持った腕を前に突き出し、のろのろと歩く姿をzombieにたとえた言葉。

□**マスト**……必須事項、必要不可欠なもの。「マストアイテム」はかならず必要なもの、「マストバイ」はかならず買いたい商品、「マストハブ」は必携品を意味する。ビジネス会話では「○○はマストでお願いします」などと使われている。

□**クオータ**……quotaと綴り、分け前、割り当てのこと。4分の1を意味するクオーター（quarter）とは、別の単語なので注意。

□**ジャーゴン**……仲間内だけで通じる言葉。一般人には意味のわからない特殊な専門用語や業界用語。「そんなジャーゴンで話されても、わからないよ」などと使う。

□**ボナンザ**……もとは、掘りあてた鉱脈を意味し、大当たり、思いがけない幸運といった意味が派生した。さらに、「ボナンザ・ビジネス」はボロ儲けできるビジネス、「ボナンザ農場」は、生産性の高い豊かな農場を意味する。

□**ノーブレス・オブリージュ**……身分の高い者には、果たすべき義務があるという道徳観。もとは、この言葉でいう身分の高い者とは、貴族を意味した。現代では、エリート、あるいは社会的な成功者の社会責任について用いられる言葉。

4　一般教養として知っておきたいカタカナ語

□**デッド・オア・アライブ**……生死にかかわらず。西部開拓時代のお尋ね者の張り紙には、こう書かれていた。生死は問わず、捕らえた者に賞金を支払うという意味。

□**ブルー・ブラッド**……貴族、名門出身者のこと。青く見えるのは、血そのものではなく、血管。貴族はおしなべて色白で、白い肌に静脈が青く浮き上がって見えることから。

□**トランキライザー**……精神安定剤のこと。興奮、緊張、不安などを緩和する薬のことであり、比喩的には「社長のトランキライザーのような存在」などと使われる。

□**エトワール**……日本では、店名やブランド名によく使われる言葉。フランス語では

「星」という意味で、パリの凱旋門は「エトワール凱旋門」と呼ばれる。なお、フランス語での発音は「エトワル」に近く、現地の発音になるべく近づけるという昨今のマスコミの方針に従えば、将来は「ー」が消えていくかもしれない。

□エスポワール……フランス語で「希望」のこと。日本で、店の名前などによく使われているのは、「希望」というポジティブな意味合いが好まれるからだろう。

□アパシー……無気力、無関心。社会学では、政治的無関心を指す。１９７０年代、学生運動が下火になった時期には、「スチューデント・アパシー」という言葉が世界的に使われたもの。

□ウェルメイド……well-madeとつづり、よくできているさま。「ウェルメイド・プレー」は、うまく作られた戯曲、芝居を意味し、そこからわが国でも、エンタメ関係の批評でよく使われる言葉。「小品ながら、ウェルメイドな映画」など。

5　ビジネスマンなら心得ておきたいカタカナ語

□**タスク・フォース**……対策班、専門部隊。特定の課題を克服するために、一時的に作られるチーム。もとは軍事用語で、機動部隊を意味する。

□**インバランス**……不均衡。半ば日本語化している「アンバランス」と同じ意味だが、英語では通常、インバランス（imbalance）が使われる。「貿易収支のインバランス」など。

□**エイジング・ハラスメント**……「エイジング」は加齢、老化のことで、「エイジング・ハラスメント」は年齢による差別。たとえば、女性に対して「おばさん」や「おばあさん」と呼びかけるのも、これに当たることがある。「エイハラ」と略されるが、いまひとつ定着していない。

□ネガティブリスト……「してはいけない」ことのリスト。原則としては、何をしても自由であることが背景にある。一方、できることを並べたのが、「ポジティブリスト」。「警察にはネガティブリストがあり、自衛隊にはポジティブリストがある」などと使う。

□アイスブレーカー……初対面どうしの緊張をほぐす話題やジョーク。打ち解けるための簡単なゲームや共同作業を指す場合もある。また、砕氷船という意味のほか、テキーラベースのカクテルの名前でもある。

□フェイルセーフ……現代の設計思想の根幹をなす考え方。システムが誤作動しても、安全な方向に動くこと。あるいは、そのような設計思想を意味する。たとえば、乗り物で不具合が生じても、乗客は安全であること。

□**エキシビション**……展覧会、展示。スポーツでは、エキシビション・ゲームやエキシビション・マッチなど、公開演技や模範試合を意味する。exhibition とつづり、エキシビションが正しい発音、表記。エキシビジョンは×。

□**コミッション**……二つの意味があるカタカナ語。ひとつは「委員会」で、その長は「コミッショナー」。もうひとつは「口銭・手数料」という意味で、「多額のコミッションをとる」など、「マージン」と同じ意味で使われている。

□**レジーム**……政治体制のこと。「アンシャン・レジーム」は旧体制という意味で、もとはフランス革命以前の古い体制を指し、そこから古臭い制度全般に対して否定的な意味で使われる。「戦後レジームを否定する」、「レジームチェンジが始まっている」など。

□**アウト・オブ○○**……out of は「～の外へ」という意味で、カタカナ語でもよく使われる形。「アウト・オブ・デート」は時代遅れ。「アウト・オブ・ファッション」は流行遅れ、「アウト・オブ・フォーカス」はピンぼけ。一時流行した「アウト・オブ・眼中」は眼中にないという意。

6 それは一体どんな人?

□**プルトクラート**……超富裕層、スーパーリッチ。ギリシャ語で「富」を意味する「プルトス」と、「力」を意味する「クラトス」を組み合わせた造語。

□**ファムファタール**……フランス語で、魔性の女、運命の女。古今東西のさまざまな物語の主人公になってきたキャラクターで、オペラ『カルメン』では、カルメンはドン・ホセにとってのファムファタールであり、谷崎潤一郎の『痴人の愛』では、ナオミがファムファタールに位置する。

□**プリンス・コンソート**……女王の配偶者。イギリス・エリザベス女王の夫君であるエジンバラ公の正式称号で、「コンソート」は配偶者という意味。日本語では「王婿」や「王配」と訳されるが、一般的ではない。

□**シェルパ**……チベット語で「東の人」という意味で、ヒマラヤ山脈に住む高地民族の名。長年、登山隊の案内役をつとめてきたので、荷運びする仕事の職業名でもある。そこから近年では、首脳サミットの準備をする官僚という意味でも使われている。「サミット」のもともとの意味は「山の頂上」。

□**ミューズ**……ギリシャ神話で、芸術・文化をつかさどる9人の女神の総称。美術、文学などを分担してつかさどっている。そこから、芸術家にインスピレーションやモチベーションを与える女性の代名詞として使われ、たとえば「サルバドール・ダリのミューズは、妻のガラだった」など。

□ディーバ……マライア・キャリーなど、女性ボーカリストを指す言葉だが、もとはイタリア語で「歌姫」という意味。オペラでは、プリマ・ドンナの代名詞として使われてきた。さらに、さかのぼると、イタリア語で「女神」を意味する言葉に由来する。

□ファンタジスタ……サッカーで、創造性のあるプレーをするスター選手。華麗なプレーを持ち味とするゲームメーカーがこう呼ばれることが多く、無骨な点取り屋などは、こう呼ばれない。

7 それは一体どんな場所？

□コリドー……回廊、通路、路地のこと。東京・銀座のコリドー街は、銀座のわりには、カジュアルな飲食店が並ぶ一角。この場合の「コリドー」は、通路や路地に近い意味で使われている。

□**スーク**……アラビア語で、市場を意味する言葉。近年は、日本でも商業施設や店舗名に使われている。なお、「バザール」は、同じ意味のペルシャ語。

□**IBSAC**……「イブサック」と読み、インド、ブラジル、南アフリカ、中国の頭文字をとった新興大国の総称。以前は、ロシアを含めた「BRICs」がよく使われていたが、諸般の事情から、ロシアをはずしてインドを入れるため、IBSACが使われるようになった。ただし、もうひとつ定着せず、以前のBRICsほどには使われていない。

□**セブン・サミット**……7大陸の最高峰を総称する言葉。エベレスト（アジア）、モンブラン（ヨーロッパ）、キリマンジャロ（アフリカ）、デナリ（旧マッキンリー山・北米）、アコンカグア（南米）、コジオスコ（オーストラリア）、ヴィンソン・マシフ（南極）のこと。なお、従来、ヨーロッパの最高峰はモンブラン（4810メートル）とされてきたが、今はエルブルス山（ロシア、５６４２メートル）という耳慣れない山を最高峰とする説もある。

□キャピトル・ヒル……米国の首都ワシントンにある小高い丘。米国連邦議事堂がおかれ、その代名詞。ほかに、最高裁判所もこの丘の上にある。その名は、古代ローマ時代、ユピテル神殿があったカピトリヌスの丘にちなむ。

□ディキシー……アメリカ南部の通称。なかでも、南北戦争期に南部連合を結成した州を指す。近年は「ディクシー」と表記されることもあり、まだ定まってはいない。「ディキシーランド・ジャズ」など。

□シャングリラ……理想郷、楽園。ジェームズ・ヒルトンの小説『失われた地平線』に登場する理想郷に由来し、小説の設定によると、チベットの奥地にある。

□**カルチェ・ラタン**……フランスのパリの学生街。かつては、学生運動の中心地の代名詞で、日本でも「神田カルチェ・ラタン」などと使われた。「カルチェ」は地区、「ラタン」はラテン語を意味し、直訳すると「ラテン語地区」。かつてヨーロッパ中から集まった学生たちが、当時の共通語だったラテン語で会話したことに由来する。

□**ソーホー**……ニューヨークのソーホー（ＳｏＨｏ）は、倉庫などを利用して、大勢の芸術家らが住む芸術・ファッションの街。一方、ロンドンのソーホーは、ナイトクラブやレストランが立ち並ぶ繁華街。

□**グリニッチ・ビレッジ**……ニューヨークのダウンタウンにある街の名。芸術家が集まる場所として有名で、カウンターカルチャーの中心地。『グリニッチ・ビレッジの青春』は、１９５０年代のグリニッチ・ビレッジを舞台にした青春映画。

□**モンパルナス**……パリの地区の名。１９２０年代には、地価、家賃が安かったことから、貧しい芸術家が集まった街として有名。「パルナス」はギリシャ神話に出てくる山パルナッソス山に由来する。この山には、芸術の女神たちが住んでいたとされる。

□ルビコン……イタリア北部の川で、「ルビコン川を渡る」といえば、重大な決心をして事に当たること。古代ローマ時代には、この川がイタリア本土と属州との境界線になっていたが、カエサルが禁を破り、軍を引き連れて、ローマに進軍した故事に由来する。

□ロンシャン……パリのブローニュの森の中の地名で、ロンシャン競馬場がある。同競馬場は、ヨーロッパ競馬界の聖地ともいえ、凱旋門賞が催される。

□ウォール・ストリート……ニューヨークの証券取引所のある場所。そこから、米国金融市場の代名詞として使われ、日本の「兜町」に相当する地名。『ウォール・ストリート・ジャーナル』はアメリカを代表する経済紙。

□**サードプレイス**……これは地名ではなく、家、会社（学校）に次ぐ、第三の自分の居場所。アメリカの社会学者が提唱した概念で、ファーストプレイスである自宅、セカンドプレイスである職場や学校以外の場所で、長い時間を過ごす場所を指す。具体的には、余暇活動の拠点、カフェや公園、図書館など。「人間には、サードプレイスが必要なんだよ」などと使う。

8 「食」にまつわるカタカナ語

□**プリフィクス**……最近、日本でも定着してきたフランス料理の注文方式。前菜、メインディッシュ、デザートなどが何種類かずつあり、そこから一品ずつ選ぶ方式。お客が好みや予算に応じて、自由に組み合わせられる点が、コース料理とは違うところ。

□**アントルメ**……フランス語で、直訳すると「料理と料理の間」。もとはメインディッシュとデザートの間に食べる軽い料理を意味した。今では、デザートを意味するようになり、食後に食べる甘いお菓子がこう呼ばれている。

□**スペシャリテ**……その店の名物料理。そのレストランの顔となるような料理を意味する場合が多い。だから、「本日のスペシャリテ」などというのは、すこし変。

□**ヌーベル・キュイジーヌ**……フランス語で、「ヌーベル」は新しい、「キュイジーヌ」は料理のことで、「新しい料理」という意。オーソドックスな料理に対して、海外の料理手法やフランスではあまり食べなかった食材を使う料理を指す。なお、ワインの新酒を意味する「ヌーボー」は、新式、新型という意味。

□**コルドン・ブルー**……フランス語で、一流の料理人のこと。もとは、ブルボン王朝時代の勲章の名で、受勲した名士たちが集まって料理を食べたことから、その料理をつくるコックをこの勲章名で呼ぶようになったとみられる。また、フランスのチーズカツレツのような料理の名でもある。

□**フランベ**……フランス料理の調理法のひとつ。肉にブランデーやラム酒などをかけ、火をつけて、一気にアルコール分を飛ばす料理法。風味は残るので、最後の香り付けに使われる。一瞬、炎が上がり、お客の前で行うと、パフォーマンスとしても盛り上がる。

□**アンティパスト**……直訳すると「食事の前」という意味で、イタリア料理で前菜を意味する。なお、「オードブル」は、フランス料理の前菜のこと。

□**トラットリーア**……イタリア料理のレストランのうち、やや大衆的な店。一方、高級店は、リストランテ。

□**スカンピ**……イタリア語で、アカザエビのこと。なお、シュリンプ・スカンピは、エビを使ったアメリカ料理で、使うエビはアカザエビに限らない。

□**チャツネ**……マンゴーなどの果物に、とうがらし、にんにく、酢などを混ぜてつくる調味料。インドでは、カレー料理に欠かせない薬味。〝茶常〟とでも書きそうな言葉だが、もとはヒンディ語で、それが英語化し、chutney とつづる。日本でも、カレーをつくるときに加える人が増えてきた。

□**コブサラダ**……具だくさんのサラダ。1937年、ハリウッドのレストラン経営者、ロバート・H・コブが発案したことで、この名がついた。西海岸から全米に広がり、最近は日本でも耳にすることがある言葉。

□**アールグレイ**……ベルガモットの香りをつけた紅茶。アールグレイとは「グレイ伯爵」という意味で、イギリスのグレイ伯爵が紹介したことから、この名がついたとされる。なお、ベルガモットは柑橘類で、レモンに似た実をつける。

□**トゥワイスアップ**……ウイスキーなどを氷抜きで、水と1対1の比率で割って飲む飲み方。「バーボンをトゥワイスアップで」などと使う。

9　カタカナで書くと、二つの意味が生まれる言葉

□**ロイヤル**……loyalとroyalは、カタカナで書くと、どちらも「ロイヤル」になってしまうが、英語ではloyalは忠実な、royalは王室の、という意味。それぞれが名詞化した「ロイヤルティ」は、前者の意味では忠誠、忠実。後者の意味では王権、王位を意味する。たとえば、ロイヤルネービーは後者の意味で、英国海軍のこと。

□**モラール**……「モラールが高い」「モラールに溢れている」などと使う「モラール」はmoraleとつづり、士気のこと。モラル（道徳、moral）とは違う。「モラル・ハザード」は道徳的な危機のことで、moralのほう。

□**シリアル**……serialは「連続」という意味で、シリアルナンバーは続き番号、シリアルキラーは、連続殺人犯のこと。一方、コーンフレークなどを意味するシリアルは、cerealとつづる。別々の単語なので注意。

10 映画のタイトルになったカタカナ語

□**ミニオン**……この項では、映画のタイトルとして、耳になじみがあるカタカナ語をまとめてみよう。まず、ミニオンは、アニメ映画『ミニオンズ』シリーズの人気キャラクター名で、英語のminionには、手下、手先、子分、召使といった意味がある。多少の蔑視がまじった言葉なので、映画の題名以外では使わないほうが無難な単語。

□**アイス・エイジ**……アイス・エイジの意味は氷河期。地質年代では、約１８０万年前から1万年前までの氷期と間氷期を繰り返した時代を指す。映画『アイス・エイジ』は、その氷河期を舞台にしたアメリカのアニメ映画シリーズ。

□**アベンジャー**……復讐者という意味。似た言葉にリベンジがあるが、リベンジは個人的な恨みによる報復、アベンジには正義にもとづく報復というニュアンスの違いがある。映画タイトルは複数形の『アベンジャーズ』。

□**エニグマ**……謎、なぞなぞ、パズル、不可解という意味。第二次世界大戦中、ナチスドイツが用いた暗号機名でもあり、映画『イミテーション・ゲーム／エニグマと天才数学者の秘密』は、その解読チームを主役とする映画。

□**クリフハンガー**……直訳すると「崖につかまる者」。そこから、エンタメ界では、最後まではらはらさせる演出法を意味する。映画『クリフハンガー』は、〝崖〟だらけのロッキー山脈を舞台にしたタイトルどおりにドキドキハラハラの映画。

□**コラテラル・ダメージ**……コラテラルは付随的な、二次的なという意。コラテラル・ダメージは「付随的損害」と訳され、おもにテロや戦争に巻き込まれる一般市民を指す。映画『コラテラル・ダメージ』は、アーノルド・シュワルツェネッガー主演のアクション映画。

□**シャレード**……もとは、身振り手振りで言葉を当てるジェスチャーゲームのこと。そこから、謎解きという意味が生じた。映画『シャレード』は、オードリー・ヘップバーン主演のおしゃれなまきこまれ型ミステリー。

□**ダイ・ハード**……最後まで頑張る者、しぶとい奴、なかなか死なない奴というような意味がある。映画『ダイ・ハード』は、タイトル通り、頑強に生き抜く警官を主人公にしたアクション映画。なお、この映画に主演したブルース・ウィリスの姓は、〝ウィルス〟ではないので注意。

□**トータルリコール**……完全な記憶、あるいは完全に思い出すこと。映画『トータル・リコール』は、アーノルド・シュワルツェネッガー主演のSF映画。

□**バイオハザード**……生物災害という意味。遺伝子組み替えなどによって、人や環境に危険がおよぶような状態を意味する。映画『バイオハザード』は、日本のゲームをもとにしたアクションホラー映画シリーズ。

□**パブリック・エネミー**……社会の敵、反社会勢力。映画『パブリック・エネミーズ』は、ジョニー・デップが主演した伝記的な犯罪映画。

□**ライムライト**……電灯が普及する前の照明器具で、発熱したライム（石灰）の光によって、舞台上の役者を照らしだした。そこから、「ライムライトを浴びる立場」といえば、比喩的に世間の注目を集める立場にあるという意。映画『ライムライト』は、チャールズ・チャップリン監督・主演の映画。

Column 4　カタカナ語は対義語をセットで覚えよ

「語彙数を増やすには、対義語を覚えるとよい」というのは、昔から伝えられてきたハウツウ。そこで、この特集では、対義語関係にあるカタカナ語を集めました。双方の関係を頭に入れれば、自然に語彙が増え、意味もより正確につかめるようになるはず！

1　どちらも使う！　逆の意味を持つカタカナ語

□アーティフィシャル（不自然な、人為的な）↔ナチュラル（自然な）
□アウトオブデート（時代後れ）↔アップツーデート（現代的、今流行の）
□アウトプット（出力）↔インプット（入力）
□アガペー（精神的な愛）↔エロス（官能的な愛）
□アクティブ（能動的）↔パッシブ（受動的）
□シンメトリー（対称）↔アシンメトリー（非対称）
□アブストラクト（抽象）↔コンクリート（具象）
□アペリチフ（食前酒）↔ディジェスチフ（食後酒）

□アポロン的（おもに芸術作品の形容で、理知的）↔ディオニュソス的（激情的）
□アルファ（最初）↔オメガ（最後）
□アントニム（反対語）↔シノニム（同義語）
□イミグレーション（外国からの移住）↔エミグレーション（外国への移住）
□インテリア（室内装飾）↔エクステリア（屋外装飾）
□インポート（輸入）↔エクスポート（輸出）
□エートス（性格）↔パトス（情念）
□エキスパート（熟練者・専門家）↔ビギナー（初心者）
□エチュード（習作）↔タブロー（完成品）
□オーダーメード（注文服）↔レディメード（既製服）
□オフリミット（立ち入り禁止）↔オンリミット（立ち入り自由）
□オリジナル（原物）↔レプリカ（複製）
□カオス（混沌）↔コスモス（秩序）
□キャピタルレター（大文字）↔スモールレター（小文字）
□クロスゲーム（接戦）↔ワンサイドゲーム（一方的な試合）
□コンサバティブ（保守的）↔プログレッシブ（進歩的）

□コールドウォー（冷戦）↔ホットウォー（熱戦、軍事的な戦争）
□メタファー（隠喩）↔シミリ（直喩）
□スタティック（静的）↔ダイナミック（動的）
□スペシャリスト（専門家）↔ゼネラリスト（いろいろな分野に通じている者）
□ゾレン（哲学用語で当為、そうあるべきこと）↔ザイン（存在）
□ソワレ（夜間興行）↔マチネー（昼間興行）
□ダイアローグ（対話）↔モノローグ（独白）
□ドナー（臓器移植の提供者）↔レシピエント（被提供者）
□ハムレット型（思索型）↔ドンキホーテ型（行動型）
□ピッチング（船の縦揺れ）↔ローリング（横揺れ）
□ビハインド（リードされている）↔アヘッド（リードしている）
□プライベート（私の）↔パブリック（公の）
□プロローグ（序章）↔エピローグ（終章）
□ヘテロ（異質）↔ホモ（同質）
□ミニマム（最小）↔マキシマム（最大）
□マジョリティ（多数派）↔マイノリティ（少数派）

□リターナブル（リサイクルのため、返却・回収できる）↔ワンウェー（回収が行われない）

2　アルファベットにも〝反対語〟がある！

「正と反」「陰と陽」など、対義的な関係の漢字があるように、アルファベットにも、対義的な関係になるケースがあります。次のアルファベットの〝反対語〟となる文字が浮かびますか？

□C（cold）↔H（hot）……冷たい水と温かい湯という意味。
□E（east）↔W（west）……東と西。
□S（south）↔N（north）……南と北。
□M（men）↔W（women）……男と女。
□M（male）↔F（female）……これも、男と女。
□L（large）↔S（small）……大と小。
□L（left）↔R（right）……左と右。
□Q（question）↔A（answer）……質問と答え。

Step6

いつもの言い方を〝大人語〟にアップグレードしてみよう

コミュニケーションでは、「わかりやすく伝える」のは、むろん大事なこと。ただし、それだけでは大人社会は生き抜けません。大人の会話で、何事もわかりやすく話したりすると、たちまち「はっきりモノを言いすぎる人」というレッテルを貼られることでしょう。

そこで、本章には、意図的に曖昧に話す大人語や婉曲表現をまとめました。これらの言葉を使いこなし、ときにはわかりにくく話すのも、大人の言語力です。

1 真意を知っておきたい仕事語

□全幅の信頼……仕事で使われる言葉には、辞書的な意味とは別に、「真意」がひそんでいる場合がある。むろん、そうした「真意」は、国語辞典を引いても出てこないので、この項で解説しておこう。まずは「全幅の信頼」。100％信じているという意味で、人の意欲を引き出したいときに、よく使われる語。たとえば、単に「○○日までにお願いします」というよりも、「全幅の信頼をおいていますので、○○日までにお願いします」といったほうが、相手のやる気を引き出せるという具合。

□結果オーライ……プロセスは別として、「結果（だけ）はよかった」という意味。人の成功に対して、「運がよかっただけ」とケチをつける言葉。「今回は、要するに結果オーライですよね」など。あるいは、自分の成功をへりくだる言葉にも使われ、「たまたま、結果オーライだっただけで〜」など。

□**理解に苦しむ**……信じられない、考えられない、というクレームの婉曲表現。「なぜ、かような事態に至ったか、理解に苦しむところでございます」などと使う。

□**最大限の努力**……仕事を引き受けるときに、「最大限の努力をいたします」などと使われている言葉。ただし、このフレーズは、努力するとはいっても、成功させるとはいっていない。言質《げんち》を与えたことにはならないところに、このフレーズが多用される理由がありそう。

□**当たれば大きい**……表向きの意味は、企画などがヒットしたときには、大きな利益が見込まれるということ。ただし、実際的には「当たれば大きいとは思いますが」などと、当たる確率がひじょうに低いという意味で使われている。

□**見解の相違**……意見や見方に違いがあるという意味。「税務当局と見解の相違があったようです」などと、違法行為をめぐる弁明によく使われる。また、交渉事や会議で、大人が「若干の見解の相違があるようです」と口にすれば、「私はそうは考えない」という意味。

□**諸般の事情**……諸般の「般」には事柄や種類という意味があり、細かな事情を説明したくないときに使う常套句。「諸般の事情により、今回は見合わせていただくことにいたしました」など。「諸般の事情に鑑《かんが》み」も、断りのフレーズでよく使われる言葉。

□**うまくいって当たり前**……この言葉の真意は、失敗すると、後が大変というところにある。「この仕事は、うまくいって当たり前。だから、難しいんだ」など。

□**突っ込んだ意見交換**……「突っ込む」には、深く立ち入るという意味があり、「突っ込んだ意見交換」、「突っ込んだ話をする」などと使われる。ビジネスに関して使う場合は、おおむね利害調整、費用負担、権益の分配など、〝金銭面〟について細かく話し合ったことを意味する。

□おいしいとこどり……食べ物のおいしいところだけを取って食べるような行為。大人社会では、利益の出る部分だけを担当したり、目立つ仕事だけを引き受けて手柄を独占するような振る舞いに対して使われる。

□その時はその時……問題が起きたときは、そのときにあらためて対策を考えましょうという意味。「その時はその時ということで、進めましょう」など。あらかじめ、リスクやトラブルに備えないといわれる日本人らしさの表れた言葉。

□責任の一端……辞書的には「責任の一部」という意味。「責任の一端は私にもあります」という形でよく使われ、「一端」と限定しているところが、大人語としてのミソ。より重い責任を負う人が別にいて、自分が責任をとらされるリスクがないときに、自らの潔さや責任感を一応示しておくために使われることが多い。

□**私としたことが……**失敗や不始末をしたときに使う言葉で、この「私」は「わたし」ではなく、「わたくし」というのが大人語。このフレーズは、ふだんの自分ならそんなことはしないという意味を含んでいるので、聞きようによっては、不遜にも聞こえる。一方、「○○さんとしたことが」という形で使うと、相手を立てながら、落ち度を指摘することができる。

□**建設的……**現実をよりよくしていこうという態度。「建設的意見」、「建設的な提言」などと使う。相手が揚げ足をとってきたときには、「もう少し建設的に議論しましょう」と切り返すために使われる。

□**原則的……**「基本的なルールに則って」という意味で、「原則的には、おっしゃる通りですね」などと使われる。ところが、「ただし」と続くことが多く、事実上「例外はある」という逃げ道を残した表現といえる。

□**事なかれ主義**……問題解決よりも、波風を立てないことを優先する態度。なにもしないことの言い換え。「部長の唯一のモットーは、事なかれ主義だからね」など。

□**生煮え**……料理で、食材が十分に煮えていないこと。そこから、きちんと仕上がっていないこと、未熟なことを意味する。「生煮えの議論」、「生煮えの知識」など。

□**そもそも論**……原点にさかのぼって、物事の意味を問う議論。たとえば、業務の具体的な進め方を議論しているときに、そもそもその業務がなぜ必要かを問うような議論。おおむね、「そもそも論」が持ち出されるのは、議論やアイデアに行き詰まったときで、誰かが「そもそも論からいうと」と口にすると、会議の生産性はいよいよ落ちていくもの。

□ペンディング……保留中。「未決定」という意味の英語pendのｉｎｇ形（進行形）で、未決定状態のこと。日本のビジネスシーンでは、多くの場合、「何もしない」、「ほったらかし」、「先送り」の言い換えとして使われている。

□世間は広いようで狭い……初対面の人との社交辞令で使う言葉。相手が知り合いの友人であるとわかったときには、「○○さんが△△さんの同級生とは。世間は広いようで狭いものですね」と、親近感を表明するのが、大人の決まり文句。

2 こういう婉曲表現が自分の評価に直結する

□不可解……意味がわからない、怪しいを大人度高く言い換えるための言葉。「この一件には、不可解な点が多いですね」など。

□**不首尾**……人のミスはあからさまに「失敗」というのではなく、「不首尾」というのが、大人の言葉。「不首尾に終わったそうですね」など。

□**怪訝なお話**……相手の言動に不信感を抱いたとき、「信用できませんね」というと、ケンカになってしまう。「いささか、怪訝なお話ですね」と、曖昧に疑義を呈するのが大人。

□**恣意的**……「自分勝手」「気まま」という意味なのだが、「自分勝手すぎませんか」というよりも、「恣意的にすぎませんか」と、熟語を使ったほうが婉曲に聞こえるもの。

□**褒められて伸びるタイプ**……「彼は、褒められて伸びるタイプだからね」といえば、「叱るとすねる」、「打たれ弱い」ことの言い換え。

□**時代を先取りしすぎた**……商品が売れなかったときなどに使う言葉で、要するに「失敗」の婉曲表現。また、思い込みの強い企画、奇をてらった企画などを否定するときには、「いささか時代を先取りしすぎているかと～」といえば、やんわり却下できる。

□**敢えなくなる**……「死ぬ」ことの言い換え。大人社会では、人に関しては「死ぬ」という動詞は使えない。「息をひきとる」、「息が絶える」、「帰らぬ人となる」、「天に召される」、「身罷る」、「不帰の客となる」……くらいの言い換えは頭に入れておきたい。

□**白いもの**……これは、「白髪」をぼやかした表現で、「白いものが混じる年齢」など。一方、「赤いもの」は血のことで、「痰に赤いものがまじる」など。

3 仕事であえて曖昧に話すための言葉

□**不利益**……日本のビジネスでは、「損害」は「不利益」に言い換えるのが常識。「今回、不利益をこうむりまして」、「不利益が生じたときには～」など。

□**行き違い**……小さな間違い、失敗、ミスに関しては、「行き違い」と曖昧に表現するのが大人。「間違い」というと、相手の責任を追及するニュアンスが生じるが、「行き違い」といえば、相手を責めるニュアンスを薄めることができる。

□**なんらかの措置**……抗議や警告で使う言葉で、「善処されないときは、なんらかの措置をとることになります」など。具体的な中身をいわないことで、逆に「大変なことになりますよ」とプレッシャーをかけるためのフレーズ。

□**書いたもの**……契約書などの文書を意味する婉曲表現。成句の「書いたものがもの言う」は、トラブルが起きたときは、証文（書いたもの）が効力を発揮するという意味で、口約束ではなく、きちんと文書にしておけ、という戒め。

□**出る所へ出る**……警察署や裁判所など、公の場所へ出るという意味。強い言葉ではあるが、警察署や裁判所を「出る所」とぼかしているので、一応、婉曲表現の部類に入る。

4　1秒で大人と思わせる婉曲表現

□**悪くはない**……「悪くはない」という二重否定の形ながら、「よい」という意味にはならない大人語。「悪くはないが、よくもない」という意味で使われる。

□**なくはない**……これも、二重否定の形なので、肯定を含む意味になりそうだが、大人社会でこう言われたときは、否定されたに近い。「そういう考え方も、なくはないと思いますが」のように、相手の提案をスルーするときなどに使う言葉。

□**お元気でよろしい**……やかましい、うるさいの婉曲表現。とりわけ、京都では、子供がうるさく騒いでいるときには、「お元気なお坊ちゃんで、よろしいですなぁ」と注意する。

□**ノイズ**……雑音の言い換え。仕事上のいらぬ口出しや悪い評判、やっかみなどを「ノイズ」と言い表す。「いろいろとノイズが聞こえてくるかもしれませんが、気にしないでください」など。

□**脇が甘い**……もとは、相撲で、差し手をすぐに許す防御の甘さを意味する語。そこから、大人語としては、人から責められるような弱点を持つという意味で使われる。金銭関係にルーズ、女性にだらしないという意味を含むことが多く、「彼は、脇が甘いところがあるからね」などと用いる。

□**自重**……大人語としては、忠告するときに使う言葉。「やめたほうがいい」とあからさまに注意するのではなく、「自重されたらいかがかと」、「ご自重ください」、「いま少しの自重を望みます」などと、婉曲に制止するための熟語。

□不賛成……「反対です」というと角が立つが、「不賛成です」と言い換えると、多少は婉曲になる。ほかに、「無駄」は「不急」、「できそこない」は「不完全」など、「不」のつく言葉を使って言い換えると、ネガティブな言葉も多少は表現がやわらかくなる。

□不適当……「ダメ」や「NG」の言い換え。「ダメ!」と言いたいところでも、「不適当と思えるのですが」くらいにとどめるのが大人の物言い。「不都合」や「不向き」と言い換えられるケースもある。

5 謝りたいときは、定型句にかぎる

□猛省いたしております……謝るときには、定型句を使うのが大人の常識。〝伝統〟に

則《のっと》ってオーソドックスな言葉を用いるのが、謝意と反省を伝える最も有効な方法といえる。下手に表現をひねったりすると、いらぬ誤解、さらなる怒りを招く原因にもなりかねない。この項で紹介する定型句を頭に入れておけば、ほとんどの場面で大人度高く謝れるはず。まずは、最も汎用性の高い定型句から。「猛省」は、猛烈に反省すること。「反省しています」よりも、謝意が深くなり、かつ大人度も上がる表現。

□慙愧《ざんき》に堪えません……「慙愧」は恥じ入ることで、申し訳なく恥じ入るばかり、という気持ちを表す言葉。「慙愧に堪えない思いでいっぱいです」など。

□自責の念に堪えません……「自責」は自らを責めることで、見出し語は、いくら自分を責めても足りないという意。前項の「慙愧に堪えません」と並んで、取り返しのつかない事態を謝るときに向いている。

□幾重にもお詫び申し上げます……「幾重にも」は、ひたすら、かえすがえすも、という意味。見出しのフレーズは、古くからの謝罪用の定型句。

□**面目次第もございません**……恥ずかしくて顔向けできないという意味。「不面目きわまる事態となりまして」も、同様に使えるフレーズ。

□**不徳の致すところ**……自分の人間性や知識不足への反省を表す言葉。「私の不徳の致すところです」は、自分の不始末のほか、上司としての監督責任を問われたときにも使えるフレーズ。

□**非礼の数々**……自分の言動に失礼があったときに使う言葉。「非礼の数々、お許しください」など。大きな失敗やトラブルには不向き。

□**不明を恥じる**……自分に物事を見抜く力がなかったことを恥ずかしく思う、という意。「おのれの不明を恥じます」など。これも、重大事の謝罪には不向きな言葉。

□まことに、お恥ずかしいかぎり……「たいへん恥ずかしい」という意味ではあるのだが、現実には小さなミスに関して使われることが多いフレーズ。「年甲斐もなく、お恥ずかしいかぎりです」など。「赤面の至り」や「汗顔の至り」も同種のフレーズで、「私の不手際でこのようなことになり、赤面の至りでございます」など。

□痛恨の思いです……「痛恨」は「一大痛恨事」などとも使うように、大いに残念があるという意味。「残念」という意を含むため、やや軽い謝罪と受け止められる可能性もある言葉。「痛恨の極みです」も謝罪用に使えるが、同様の懸念がある。

□遺憾に存じます……「望んだ結果にならず残念だ」という意味で、謝罪ではなく、〝感想〟に近い言葉。不祥事、トラブルが起きたとき、責任をとる気はないが、知らぬ顔もできないので、一応、残念な気持ちを表しておくための言葉として使われている。

6 スムーズに断るために必要な言葉

□**難しいお話**……人からの依頼を断るときには、とりわけ言葉を慎重に選ぶ必要がある。選択を誤ると、たちまち、情がない、つっけんどん、恩知らずといった悪評を立てられかねない。たとえば、相手が取引先だったり、目上の場合には、無理筋の要求であっても、無下には断れないもの。そんなときは、この言葉が便利に使える。「難しいお話ですね」とまずは応じて、相手の顔色をうかがえばよい。

□**預からせていただく**……その場で断りきれないとき、時間を稼ぐためのフレーズ。「いったん預からせていただき、検討してみたいのですが」など。なお、何事も婉曲に表現する京都では、「預からしてもらいます」は、断り文句として確立しているフレーズ。

□**見送る**……「今回は、見送らせてください」などと使う語。「見送る」といえば、次の機会には可能性があるかもしれないという意味になり、断っても相手と縁まで切ることにはならない。

□**よんどころない事情**……理由を明示しないで、断るためのフレーズ。ドタキャンするときでも、「よんどころない事情ができまして」といえば、一回くらいは相手も「仕方がないか」と思ってくれるもの。

□**急な差支え**……これも、ドタキャンするときのための言葉。「申し訳ないのですが、急な差支えができまして」などと、一回は使うことができる。

□**時期が時期だけに難しい**……断る本当の理由は、相手のプランなどが不出来という場合でも、見出しにしたフレーズのようにいえば、相手の能力ではなく、時期のせいにできる。その分、相手の感情を害するリスクは低くなる。

□**足手まとい**……これは、会合への参加を断るときに使う言葉。誘われたとき、「足手まといになるといけませんので」といえば、自分の能力や事情で断ることにできる。その分、相手の気分を損ねるリスクは低くなる。

7 慰めるときには「ことわざ」を使う！

□**「勝敗は時の運」ですよ**……大人の会話で「ことわざ」を最も効果的に使えるのは、相手を慰めるとき。ことわざは、日本人の経験知を集大成した警句群といえ、人生や人間性に関する名句がそろっている。そのため、下手に理屈っぽく慰めるよりも、ことわざを使ったほうが、相手の心に届くケースが多くなる。「勝敗は時の運」は、スポーツの試合など、勝ち負けのあることで、敗れた人を慰めるのに便利なフレーズ。勝ち負けは運不運によって決まるものという意味なので、間接的に「あなたの能力のせいではない」という慰めの言葉になる。

□「**終わりよければ、すべてよし」というじゃないですか……**途中で犯したミスを気にやんでいる人を慰める言葉。「終わりよければ、すべてよし」は、最後の締めくくりさえよければ、その過程で失敗があってもかまわないという意味。

□「**雨降って地固まる」ということもありますから……**トラブルが一応おさまったときに使う言葉。「雨降って地固まる」は、トラブルがあったあとは、かえって物事が落ち着き、よくなるというたとえ。雨が降ったあとは、ゆるんでいた地面が固くしまることから。

□「**急がば回れ」ですよ……**仕事や出世のスピードなど、何事かで遅れをとった人を慰める言葉。「早いばかりが能ではない」も、同様に使える言葉。

□**「弘法も筆の誤り」とはこのことですね**……ミスをした人を弘法大師（空海）にたとえて、立てながらフォローする言葉。なお、このことわざは、名人にも失敗があるという意味だから、自分や同期、後輩の失敗に使うのはおかしい。使う相手は、上司や先輩など、目上に限られる。

□**「人の噂も七十五日」、気にしないほうがいいですよ**……人があれこれ噂をするのは、ほんの一時のことで、しばらくすれば収まってしまうので、気にすることはないという意。「七十五日」という日数は、「一つの季節」の日数を表したもの。

8　抱負を述べるときの四字熟語

□**心機一転**……大人の会話で、四字熟語がパワーを発揮するのは、抱負を述べるとき。かつて、横綱や大関に推挙された力士が、四字熟語を使って口上を述べることが流行ったが、一般人にとっても、あらたまった席では四字熟語が役立つ。むろん、大げさな表現にはなるのだが、そこは定型句のありがたさで、聞く人の耳に違和感なく届く。「心機一転」は、気持ちを切り換え、物事に取り組むこと。たとえば、入社試験の面接では、「入社を許していただければ、心機一転、全力を尽くす所存です」などと使える。

□粉骨砕身……骨を粉にし、身を砕くように、力の限りを尽くして、努力すること。「わが社の発展のため、粉骨砕身するつもりで頑張ります」など。

□一念発起……物事を成し遂げようと決心すること、また努力すること。もとは仏教用語で、深く思いつめ、仏門に入ることを意味した。「これを機会に一念発起、さらに業務に真摯《しんし》に取り組む所存です」など、転勤、転職、新任、入社などの挨拶に向いた四字熟語。

□全身全霊……「全身」は体力のすべて、「全霊」は精神力のすべてで、身も心も全部という意。「全身全霊をかけて、業務に取り組みます」のように使う。

□**不撓《ふとう》不屈**……困難な状況にあっても、くじけないこと。「不撓不屈の精神で、やり抜く覚悟です」など。大きな仕事、難事業に取り組むときに使うと、ぴったりくる言葉。

□**緊褌《きんこん》一番**……心をしっかり引き締め、物事にあたるさまを表す。「緊褌」は褌を締め直すこと、「一番」は思いきって何かをする様子を表す。「緊褌一番、この仕事に本気で取り組むつもりです」など。

9　大人の会話で使える古風な表現

□**いみじくも**……古風な表現、文語的な表現には、言葉を重々しくするという効果がある。たとえば、会議の席で「今、Aさんがおっしゃったように」というよりも、「今、いみじくもAさんがおっしゃったように」といったほうが、Aさんの気分はよくなるはず。他の出席者も「いみじくも」という言葉を適切に使ったあなたを「大人の日本語を心得ている」と見直すことだろう。「いみじくも」は、「素晴らしい、立派」という意味の古語の形容詞が、現代語に残った形で、「まことにうまく、適切に」という意味。

□然《さ》は然《さ》りながら……「それはそうだが」と肯定しながら、「とはいえ、こうとも思える」と異論を付け加えるときに使う言い回し。「情状酌量の余地はあります。然は然りながら、不正は不正です」のように、最終的には相手を否定したり、おとしめるときの前置きとして使うことが多い。

□すべからく……下に「べき」を伴い、「当然のこととして、○○すべき」という意味をつくる言葉。たとえば、「すべからく、取り組むべき業務」は、「当然、取り組むべき業務」という意味。「すべて」という意味ではないので注意。

□**なかんずく**……なかでも、とりわけ、とくに。漢字では「就中」と書く。「なかんずく、難しいご提案ですね」など。

□**けだし**……まったく、まことに。漢字では「蓋し」と書き、「蓋し名言」（まさしく、名言という意味）などと使う。

□**かりそめにも**……本気でないにしても、間に合わせにしても。「かりそめにも～でない」という形で使う。「かりそめにも、そんなことを口にするものではありませんよ」は、たとえ、本気でなくても、そんなことをいうものではないという意味。

□**あまつさえ**……その上、さらに。漢字では「剰え」と書き、悪いことが重なり、「過剰」な状態であることを表す。「売り込みに失敗、あまつさえ相手を怒らせてしまった」のように使う。

□**あたら**……惜しくも、もったいないことに、という意味で、立派なもの、価値あるものが失われるのは残念という気持ちを表す。「あたら才能を無駄にする」、「あたら若い命を落とす」などと使う。文法的には、古語の形容詞「あたら（惜）し」が感動詞として独立した言葉。

□**いやしくも**……かりにも、という意。「いやしくもプロがあんな失敗をするとは」、「いやしくも教師たるものが、淫行におよぶとは」など。

□**よしんば**……「たとえ、そうであったとしても」という意味で、漢字では「縦しんば」と書く。「よしんば、彼の言葉が嘘だとしても」、「よしんば、間違いだったとしても」などと使う。

□**いわんや**……まして、なおさら。漢字では「況んや」と書く。「善人なおもて往生を遂ぐ、いわんや悪人をや」という親鸞《しんらん》の有名な言葉は、「善人でさえ往生できるのだから、悪人が往生できるのはなおさら当然のことだ」という意味。

□**吝《やぶさ》かではない**……「吝か」は物惜しみするさまを表し、「吝かではない」は、その否定形なので、努力を惜しまないという意味になる。「過ちを認めるのに吝かではありません」など、「〜のにやぶさかではない」の形で使うことが多い。

10 大人の会話で使える12のオノマトペ

□**わいわい**……オノマトペは、状態や音などを表す擬態語と擬音語の総称。安易に使うと軽薄にもなるが、「ここぞ!」というときに使えば、イメージをくっきり浮かび上がらせ、相手の感覚を直撃することができる。「わいわい」は、騒々しさをポジティブに表す言葉。「みんなで、わいわいがやがや、楽しくやっております」など。かつて、本田宗一郎氏健在の時代のホンダの風通しのいい社風は、「わいわいがやがや」を略した

「わいがや」という言葉で言い表された。

□**しみじみ**……漢字では「染み染み」や「沁み沁み」と書き、心に深くしみるさまを表す。単に「このところ、思うのですが」というより、「このところ、しみじみ思うのですが」と前置きしたほうが、相手に耳を傾けさせる効果がある。

□**さばさば**……この語には、ふたつのポジティブな意味がある。ひとつは、物事にこだわらないさまで、「さばさばした人」など。もうひとつは、物事が片づいたりして気分が爽快なさま。「かえって、さばさばしました」、「さばさばした表情」など。

□**バタバタ**……「うちわをばたばた扇ぐ」など、いろいろな意味に使われるが、大人語として使えるのは、忙しいさまの形容。「このところ、バタバタしておりまして」といえば、大した仕事をしているわけではないのに、慌ただしいと、謙遜のニュアンスをまじえながら、近況を伝えることができる。

□**きびきび**……オノマトペには、社交辞令の効果を高める言葉が数多くある。この語もそのひとつで、相手の働きぶりなどに関して、お世辞の効果をアップすることができる。たとえば、「従業員の皆様の働きぶり、感動いたしました」というよりも、「従業員の皆様のきびきびとした働きぶり、感動いたしました」といったほうが、より相手に響くほめ言葉になる。

□**うきうき**……漢字で書けば「浮き浮き」で、心が弾むさま。相手からの誘いには、「今から楽しみで、うきうきしています」と応じるのが、大人の社交辞令。

□**もりもり**……元気や意欲が湧き出てくるさま。「お元気そうですね」よりも、「元気もりもりですね」といったほうが、相手に届く場合もある。

□**すらすら**……物事がスムーズに進行するさま。「さすが、すらすらと進んでいるようですね」、「何を聞いても、すらすらと答えるんですから」などと、ほめ言葉に使える。

□**めきめき**……大きな進歩や成長ぶりを表す言葉で、「めきめき上達する」が定番の使い方。ほぼ、ほめる専用の言葉であり、自分のことに「このところ、めきめきうまくなりましてね」などと使うのは、変。

□**いきいき**……漢字で書けば「生き生き」で、活力に溢れるさま。「お元気そうですね」という当たり前すぎる常套句よりも、「いきいきとされていますね」のほうが、社交辞令としては効果がある場合もある。

□**はきはき**……言葉や態度の歯切れがよいさま。ただ、「はきはきとした子供」という定番の使い方があるため、大人に対して使うのは、やや不似合い。若社員に使うのはまだしも、自分よりも年長の人に対しては使わないほうがいい。

□**こつこつ**……まじめに努力し続けたり、働き続けるさまを表す。「こつこつ働く」「こつこつ貯金する」など、〝まじめに続けている〟というニュアンスを加えることができる。

11 社会人のためのビジネス日本語

□**理論武装する**……反論に対して、備えること。「相当、理論武装しておかないと、役員会を通せないぞ」など。

□**降りしろ**……交渉事で、要求を取り下げてもいい部分。その条件を取り下げることと交換に、他の条件を飲ませるための要求。要するに、相手に対してふっかけた部分。中央官庁間の権限争議あたりから生まれた言葉で、一部ビジネス社会でも使われている。

□**紙にする**……広義には、文字にして残しておく全般を意味するが、ビジネス社会では、合意したことを、合意書、念書、契約書などにまとめることを意味する。また、「一枚紙にする」は、Ａ４一枚の資料をつくること。すぐに読める短い文章に、企画の概要などをまとめるという意味。

□傾向と対策……相手の出方を読んで対策を講じるという意味で使われている。もとは、昭和40〜50年代によく読まれた大学入試用の参考書名で、それが大人社会でも使われるようになった。

□シマ……会社では、課や係ごとに、机が集まっているもの。その一集まりを「シマ」と呼ぶ。「その件、うちのシマで担当しますよ」「おたくのシマでお願いします」など。

□昨日の今日……日程設定があまりに急で、無理なときに使われる言葉。「昨日の今日では無理ですね」など。「今日の今日」という言い方もある。

□○○つながり……共通項を表す言葉。たとえば、「○○さんとは、ネコつながりでしてね」といえば、「ネコを飼っているという共通点で、つきあいがある」という意味。

12 ビジネス社会でよく使われる比喩と成句

□虫の目、鳥の目、魚の目……虫の目は、現場の目。鳥の目は、上から全体を見渡す目。魚の目は、広角レンズのことを「魚眼レンズ」ともいうように、視野を広くして見渡す目のこと。

□ゆでガエル……水につかったカエルは、その水をじょじょに温められても気づかずに、最後はゆであがってしまうという意味。そこから、わずかな変化には気づきにくいことのたとえ。とりわけ、ぬるま湯状態の組織、会社、部署などが、やがてはダメになるという意味で使われる言葉。

□**そば屋の出前**……そば屋が「出前、遅いよ」と電話がかかってきたとき、「今、出ました」と答えることに由来する言葉。仕事を催促して、「今、持っていくところです」と答えられたとき、「そば屋の出前かよ」と愚痴ったりするもの。

□**毒饅頭**……賄賂《わいろ》やリベートのこと。「上が毒饅頭を食わされて、話がひっくり返ったらしいんだよ」など。

□**グーチョキパーの関係**……三すくみの関係のこと。グーがチョキに勝ち、チョキがパーに勝ち、パーがグーに勝つような、三つのものが抑制し合い、均衡する関係。蛇となめくじと蛙にもたとえられる。

□**地雷を踏む**……もとは、隠されている危険に遭遇するという意味で使われていたが、今は「してはいけないことをする」という意味で使われている。「社長に逆らうなんて、地雷を踏んだんじゃないの」など。

□**全員野球**……一致団結してという意味。「新プロジェクトに全員野球で取り組む」など。

□**一点豪華主義**……ひとつの物だけを豪華にすること。一品だけに大金をかけること。「一点豪華主義でいいから、もう少しお客の目を引くようにしてよ」など。

□**出来レース**……あらかじめ勝敗が決まっている形だけのレース。そこから、結論が前もって決まっている会議などを指す。参加者は事後、「今回も出来レースでしたね」「なんだ、出来レースかよ」と、ぼやくことになる。

□**風通し**……「風通しがよくない」といえば、上に物の言いにくい雰囲気があること。本音の会話が乏しく、よそよそしい職場を意味する。一方、自由に意見交換できるのは「風通しがいい」職場。

Column 5 相手を動かすモノの言い方

1 相手の利益になるように話す

×奥に詰めていただけますか？↓○奥のほうがすいております

人を動かすには、単に命令するよりも、そうすると相手の利益になると伝えたほうが、効果は高くなる。○は、その基本的な言い方。「奥に詰めてください」と命令したり、頼んだりするよりも、奥のほうがすいているから楽と、相手にとってのメリットを伝えたほうが、相手は動くもの。

×こちらをお通りください↓○近道ですので、こちらをお通りください

これも、相手にとってのメリットを伝える言い方。×のように言うと、「どっちの道を歩こうと、私の勝手でしょ」と反発を招きかねないが、○のように言えば、「早く着くのなら、そうしようか」と相手に思わせ、こちらの狙いどおりに誘導できる。

×お墓参りに行きなさい↓○ご先祖のお墓は、いちばんのパワースポットですよ

これは、相手にとってのメリットを伝えるパターンの応用形。相手がパワースポットに関心を抱いている場合、○のように言えば、効果は相当に大きいはず。

×ここに車を停めないでください

↓○このあたり、いたずらが多いんです。大丈夫でしたか？

これは、メリットとは逆に、相手にとってのデメリットを示唆する言い方。○のように言うと、「じゃあ、このあたりに停めるのはよそうか」と思わせることができるはず。

2　自尊心を満足させるように話す

×きれいに使ってください

↓○いつもきれいにお使いいただきありがとうございます

人を動かすには、相手をムッとさせがちな「命令形」、あるいはそれに近い〝依頼形〟を避けるのが、重要なコツ。○はその基本パターンで、命令形を避けたうえ、相手に感謝する形をとることで、相手の〝良心〟に訴えるテクニック。

×割り込まないでください↓〇もしもし、列の最後はこちらですよ

これも、相手をムッとさせないための工夫。行列に割り込んできた相手が悪いにしても、「割り込まないで」とストレートにとがめると、無用のトラブルを招きかねない。そこで、相手が過失で〝並び間違えた〟ことにすれば、角が立ちにくいぶん、行列の最後に並び直させるという、所期の目的を達成しやすくなる。

×リリーフに回ってくれ↓〇野球に革命を起こしてみないか

これは、かつて野球の野村克也元監督が江夏豊投手に対して使った有名なセリフ。もし、「おまえは先発はもう無理だから、リリーフに回ってくれ」といえば、江夏投手は大いに反発していたことだろうが、〇のように言われたことで、江夏投手は自尊心をくすぐられ、今でいうクローザー役を引き受け、投手の役割分担制という〝革命〟の主役となった。

×支店に出てくれませんか↓〇そろそろ一国一城の主になってみませんか

これも、相手のプライドをくすぐる言い方。〇のように言うと、たとえ左遷であることは見え見えでも、ストレートに言うよりは反発を招きにくいはず。

×ダメ↓○もったいない

人気の俳人、夏井いつきさんは、生徒の俳句を添削するとき、「もったいない！」という言葉を多用する。そういえば、「すばらしい点があるのに惜しい」という意味になり、生徒はダメ出しされながらも、部分的にはホメられた気持ちになり、さらに勉強してみようと思う可能性が高まるはず。

×今は結構です↓○いよいよとなったら、助けていただきますので

人から「手伝いましょうか」と言われたとき、「結構です」と断るのはいささか失礼、相手をムッとさせるかもしれない。そこで、○のように言えば、相手の自尊心を傷つけることなく、今は遠慮するという意を伝えることができる。

×もうちょっと考えてよ↓○もうすこし粘ってみませんか？

部下の仕事にダメ出しするとき、ストレートに「ダメ」、「やり直し」と言えば、今はパワハラにもなりかねない時代。○のようにいうと、一応は相手の意向を聞くかたちになり、反発を招くことなく、やり直させられる可能性が高くなる。

3　パワハラにならないように話す

×前にも言っただろう↓○前の説明ではわかりにくかったかな
×そのやり方ではダメだね↓○別のやり方を一緒に考えてみましょうか
×ダメ、やり直し↓○　△△の点を修正していただけますか？
×もう少し考えてよ↓○　△△さんなら、もっといいアイデアが出ると思う
×最後まで手伝ってくれ↓○ラストスパートしようか
×何を言ってるかわからない↓○落ちついて、最初から説明してくれるかな
×そんな話は先↓○まずは、目の前の仕事から片付けていきましょうか
×必死でやれ↓○一度、あなたの120％のパワーが見たいなあ
×マジメにやれ↓○　△△さんが本気になれば、誰も勝てないと思います

Step7

相手の印象に残る人は、比喩の技法を身につけている

「比喩」は、レトリックのなかでも、最も多用される技術。比喩的にいえば「レトリックの華」。印象に残る形容を生み出すには不可欠の修辞術です。

比喩表現は、無数にあるようでいて、その〝素材〟となる言葉は、意外に限られています。以下、比喩の〝素材〟として使用頻度の高い言葉を紹介しながら、どう組み合わせれば、人をハッとさせる比喩を作れるのか、その基本ノウハウを紹介していきます。

1　人を人にたとえる

□王様のような風格……人は〝職業的な特徴〟を使ってたとえるのが、イメージを伝えるうえで、手っとり早い方法。たとえば、王侯貴族は、風貌、振る舞いなどが、高貴、上品、上質であることの形容に使われる。「女王のように振る舞う」、「貴公子のような風貌」、「お姫様のようにちやほやされる」など。

□ロックスターのような教祖……芸能人にたとえる比喩もわかりやすく成立する。「ロックスター」はカリスマ性があることのシンボルで、「ロックスターのような政治家」、「ロックスターのように騒がれる」など。ほかに、「演歌歌手のように派手な着物」、「新人歌手のような深々としたお辞儀」など。

□短距離走者のような体つき……スポーツ選手は、体格や服装の比喩に使うと、イメージが浮かびやすい。「プロレスラーのような巨体」、「力士のような白い肌」、「体操選手のような筋肉」、「競馬のジョッキーのような派手なシャツ」など。

□暗殺者のような身のこなし……実際には目にしたことのない〝職業〟でも、映画などの印象から、比喩の材料に使うことができる。暗殺者や忍者を目にした人はまずいないはずだが、「暗殺者のような身のこなし」、「忍者のようにすばやい」などといえば、わかりやすくイメージが伝わるはず。

2　人名にたとえる

□今義経……「人にたとえる」パターンのひとつに、人名を使う修辞法がある。たとえば、「今○○」は歴史上の人物の名を使って、性格や能力を表す定番パターン。「今義経」は戦術の天才、「今弁慶」は怪力の持ち主、「今業平《なりひら》」は在原業平のような美男子、「今太閤」は徒手空拳から大出世を遂げた人という具合。

□縄文のマスカラス……むろん、外国人の名も比喩の材料になる。見出し語は、縄文時代の土偶につけられた愛称で、その表情が覆面プロレスラーのミル・マスカラスに似ていることから。「縄文のビーナス」と呼ばれるグラマーな肢体を感じさせる土偶もある。他に、「ピカソのような絵」といえば何が書いてあるかわからない絵、「日本のエジソン」といえば発明王……という具合。

3 動物にたとえる

□猫のような個人主義者……「動物」も比喩によく使われる材料で、擬人法の反対に「擬動物法」というジャンルがあるといってもいいくらい。まず、「猫」は、その性格から自由、気まま、孤独、狡猾などの代名詞として使われる。また、その動作から「猫のように足音をしのばせる」、「猫のように顔を撫でる」などとも使われる。

□**犬のように荒い息を吐く**……犬も、猫に負けず劣らず、いろいろな比喩に登場する。「犬のように」といえば、あえぐ、叫ぶ、わめく、ガツガツ食べる、嗅ぎ分けるなどの形容に使われる。

□**野良犬のようにうろつく**……また、犬は、そのキャラクター別にもさまざまな比喩に使われ、「負け犬のようにうなだれる」、「痩せ犬のような体つき」、「猟犬のように追いかける」、「番犬のように忠実」など。

□**マンモスのような**……ひじょうに大きいもののたとえで、「マンモスタンカー」、「マンモス大学」、「マンモス団地」などと使われる。

□恐竜のように……これも、マンモスと同様、大きく力の強いものの代名詞として使われる言葉。しかし、マンモス同様、すでに滅んでいるため、「恐竜は滅びたが、カエルは生き延びた」のように、滅びたもの、滅びゆくものの代名詞としても使われる。

□鼠のように忙しい……鼠は、体が小さく、ちょこまか動く動物。そこから、忙しさや働くことの形容によく使われる。アリやハチも同様に使われ、「ミツバチのように忙しく働く」、「働き蟻のように忙しい」など。なお、「働きバチのように働く」や「働き蟻のように働く」は、下手な比喩の代名詞。「働く」という言葉が重なるため、言葉として美しさに欠けるし、比喩の効果も弱まる。

□牛のように沈黙している……牛は、体の大きなものや、動きの遅いものの代名詞。「雄牛のような大男」、「食後の牛のように寝そべっている」など。

□怪鳥のような悲鳴……鳥は、鳴き声が比喩の材料になることが多い。「あひるのようにガーガー喋る」、「雄鳥のようにけたたましい」など。かつて、ブルース・リーの叫び声は、「怪鳥のような」と形容されたもの。

□鵺《ぬえ》のような人物……伝説上の鳥も、比喩に使える。「鵺」は、頭は猿、胴は狸、尾は蛇、手足は虎という想像上の怪鳥で、正体不明、怪しげな人物のたとえに使われる。ほかに、鳳凰、不死鳥（フェニックス）、火の鳥なども、比喩の材料になる。

□魚のように無表情……魚にも、多様な特徴があるので、さまざまな比喩に使うことができる。たとえば、「魚が水を意識しないように」、「深海魚が水圧を感じないように」といえば、はたから見れば厳しい環境も、本人は意識していないという意味。

□マグロみたいにつねに動いている……魚も、鳥と同様、種類ごとの特徴をいろいろな比喩に使うことができる。見出し語は、マグロやカツオのような回遊魚が、泳いでいないと呼吸ができないことに注目した比喩。ほかに、「鯖の背のように青い」、「鮎のように生きがよい」、「サメのような冷たい目」など。

□アメーバのように増殖する……アメーバは、分裂して増える生物であり、その特徴から「アメーバのように増える」、「～成長する」、「～分裂する」などの比喩に使われている。

4 植物にたとえる

□熱帯の花のようにカラフル……「花のような」といえば、美しさ、あでやかさの代名詞。「熱帯の花のような」と変化をつければ、さらに派手で強烈で、カラフルで、という意味の比喩になる。

□夕顔の花のような女性……花は、女性の比喩に使われることが多く、花の種類別に女性のキャラクターを記号のように表現できる。見出し語は、『源氏物語』の「夕顔」の印象もあって、物静かな薄幸の女性というイメージ。「山百合のような」や「水仙のような」も同様の印象が浮かび上がる比喩。一方、「バラのような」はゴージャスで派手、「ひまわりのような」はとびきり明るいというイメージになる。

□しおれかけた花のように元気がない……花はその〝状態〟も、比喩に使うことができる。「蕾《つぼみ》のような」といえば、成熟していない、一人前になっていない、といった意味。一方、しおれかけた状態は、見出し語や「しぼんだ花のようにうなだれる」などと使うことができる。

5　自然現象にたとえる

□風のように速い……「自然現象」にたとえるのは、比喩の基本中の基本。風や嵐、雨、雲、虹など、さまざまな言葉が比喩の材料になる。なかでも、「風」は汎用性の高い言葉で、「つむじ風のように速い」、「北風のように冷たい」、「風のように通り抜ける」など、さまざまな形容に使える。

□嵐のような荒い息……「嵐」は、荒々しい気象現象の代表格であり、激しさ、荒々しさ、押し寄せる、襲来する、呼吸をはずませる様子などの形容に使われる語。「嵐のような叫び声」、「嵐のように罵声を浴びせかける」、「嵐のように動揺する」など。

□いかがわしさが霧のように漂う……「霧」は、ぼんやりしたさまの形容に使う語。「霧がかかったように」、「霧が晴れていくように」、「霧がたちこめるように」、「霧のように消えてしまう」など。霞《かすみ》、靄《もや》も同様に使え、例示したフレーズは、いずれも、霞、靄に変えても比喩が成立する。

□夏の雲のように盛り上がる……「雲」は、その形が比喩の材料になることが多い。見出し語は、「入道雲のように立ち上がる」という意味である。また、「雲」は広がると周囲が暗くなることから、「薄曇りのような景気」など、好調ではないさまの形容にも使われる。

□雷のような怒声……「雷」は、衝撃やひらめきの形容に使われ、「雷に打たれたように気づく」、「雷に打たれたように我に返る」など。また、「雷」は轟音《ごうおん》を伴うことから、大きな音の代名詞としても使われ、「雷のようないびき」、「雷のように怒鳴る」などと使うことができる。

□さざ波のように広がる……「波」も、さまざまな動きの形容に使われ、「波のように繰り返す」、「波のように押し寄せる」、「波のように消える」など。また、「波」の類語を使って、「怒濤のように押し寄せる」、「引き潮のように消えていく」、「波紋を描く」などと変化をつけることができる。

6 鉱物にたとえる

□石のように無表情……鉱物も意外に、効果的な比喩を作れる素材。まず、その総称である「石」は、「石のように冷たい表情」、「石のように沈黙する」、「石のように無知」など、さまざまな意味の比喩に使われる。また、「石像のように動かない」、「石畳のように冷たい」のように、〝石関係〟の複合語を使って、表現に変化をつけることもできる。

□岩のような信念……「岩」は、「石」と同様の使われ方をするほか、大きい、ごつごつしている、頑丈であることの形容に使われる。「岩のような大男」、「岩みたいな体つき」、「筋肉が岩のように盛り上がる」、「岩のように押し黙っている」など。

□化石のような制度……「化石」は、過去の遺物、時代遅れであることの代名詞。「化石のような法令」、「化石のような商品」など。一方、「化石のように身じろぎもしない」など、石や岩と同様の比喩にも使うと、効果的な場合もある。

7 人形にたとえる

□**蠟人形のように動かない**……ここからは、動物や植物のような大ジャンルではないが、比喩の世界では、意外にメジャーな言葉を紹介していこう。まずは「人形」で、人間に似ているため、人の動作やしぐさの比喩によく使われる。動作では、「人形のように動かない」や「首振り人形のようにうなずく」など。

□**マリオネットのように崩れ落ちる**……人形は、その種類別の特徴に応じても、多様な比喩に使える。たとえば、「操り人形」は、「〜のように崩れる」、「〜のように踊らされる」、「〜みたいに、ぐにゃりと座り込む」など。「マリオネット」と言い換えても、同様の比喩が成立する。

□マネキン人形のように無表情……一方、「マネキン人形」といえば、無表情の形容によく使われる。ほか、「博多人形のように細い目」、「フランス人形のようなひらひらした服」、「腹話術の人形のような声」など、人形の姿を思い浮かべれば、いろいろな比喩が思いつくはず。

□彫像のように立ちはだかる……「彫像」は、人形よりも重々しく、迫力ある存在なので、「彫像のように立派な顔」、「彫像のような体格」など、おおむね大きく、立派であることの形容に使われる。

□能面のような笑い……能面も、その形や表情が、よく比喩の素材に使われる。定番句の「能面のように無表情」のほか、「女面のような微笑」や「翁《おきな》の面のようなしわだらけの顔」など。

8　神や仏にたとえる

□**仏のような微笑……**神、仏、天使、悪魔、鬼なども、比喩の世界では意外に使用頻度が高い語。「仏のような」は、やさしさや慈愛の形容句。仏像がアルカイック・スマイルをたたえていることから、微笑の比喩にもよく使われる。一方、仏法を守る守護神たち、阿修羅、不動明王、仁王は、怖い顔の代名詞。

□**天使のような……**「天使」は清らかさ、純真さのシンボルで、「白衣の天使」は看護師の代名詞。一方、「堕天使」（神に反逆し、悪魔化した天使）を使い、「堕天使のような人生」などと変化をつけることもできる。

□**悪魔のような知恵……**「悪魔」は悪の象徴であり、「悪魔の誘い」、「悪魔のような下品な笑み」、「悪魔に乗り移られたように」などと使う語。一方、「悪魔のような技巧」、「悪魔のような知恵」など、人智を超えたというポジティブな意味でも使われる。

□悪鬼のような表情……「悪鬼」は、人に祟りをもたらす鬼のことで、悪や醜さなど、ネガティブなことの形容に使われる。「悪鬼のようなうめき声」「悪鬼のような仕業」など。

9 武器、軍事にたとえる

□砲弾を撃ち込まれたかのような衝撃……武器名や軍事用語も、比喩の世界では使用頻度の高い言葉。「砲弾」を使った見出し語は、大きなショックを受けるという意。「銃弾」も、速いことのほか、衝撃を受けることの比喩によく使われる。

□不発弾のような感情……銃弾、砲弾は、種類別にも、いろいろな比喩に使われる。「不発弾」は爆発しなかったことから、「不発弾に終わる」という定番句のほか、見出し語や「不発弾のような作品」（ヒットしなかったという意）などと使える。

□ナイフのように鋭い表現……「ナイフ」や「刃物」は、鋭い、よく切れる、身にこたえるものの形容によく使われ、「刃物のような冬」、「ナイフのような北風」など。なお、「よく切れるナイフを持った子供」は、精神発達が未熟な者が権力や知識を持つと、きわめて危険な存在になるというたとえ。

□機関銃のように笑う……「機関銃」は、すばやく繰り出されることの比喩によく使われる。「機関銃のような早口」、「機関銃の撃ち合いのような言葉の応酬」など、言葉、音声関係で使うことが多い。

□戦艦対空母のような戦い……このフレーズでは、戦艦は古臭いもの、空母は新しいもののシンボルとして使われている。つまり、新旧の戦いという意味で、旧（戦艦）と新（空母）が戦えば、新しいものが圧勝するという意味。

□**竹槍戦術**……作戦名も比喩の素材になる。見出し語は、近代的な兵器に対し、竹槍で立ち向かうような作戦のことで、そこから無力でばかげた考え方に対して、批判的に使われる言葉。ほかに、「特攻作戦」、「奇襲戦法」、「強襲」などの作戦・戦術名が、とりわけビジネス関係でよく使われている。

□**デパート商戦・夏の陣**……歴史的な戦いの名も、比喩の材料になる。夏の陣といえば、歴史的には大坂夏の陣のことだが、今は夏のボーナス商戦やお中元セールなどの比喩に使われている。ほかに、「関ヶ原」や「川中島」は大決戦、「桶狭間」や「鵯越え」は奇襲攻撃の比喩としてよく使われる。

10 モノにたとえる

□**機械のように正確**……モノは、その用途、サイズ、見た目などに応じて、最も多様な比喩に使われているジャンル。まずはその総称である「機械」は、「正確な動き」と「ぎこちない動き」双方の比喩に使われている。「精密機械のような動き」といえば正確という意味、「初代ターミネーターのような」といえば「ぎこちない動き」と続くことになる。

□**ストーブのような人**……これは、謎かけのような比喩で、そのココロは、ストーブのように「温かく、周囲に人が集まる」という意味。

□**去年のカレンダーのように役に立たない**……これも、謎かけパターンの比喩で、その意味は、時期が過ぎたものには価値がないという意味になる。ほかに、「古新聞のように無意味」や「12月26日のクリスマスケーキのように見向きもされない」なども同種の比喩。

□劣化コピーのような作品……「コピー」は、そのまま写すこと、正確であることの代名詞。ただし、「劣化コピー」は、何度も写すことで、原本より質が落ちてしまったコピー。見出し語は、「自分のかつての作品を焼き直し、レベルの落ちた作品」という意味。

□壊れたギターのような声……「壊れた○○のような」は、多様な比喩に使われる定番パターン。「壊れたラジオのように沈黙する」や「壊れた扇風機のように（借金で）首が回らない」など。

□陶器のように冷たい……「陶器」は、硬い、動かない、冷たいなどの形容に使われる。「陶器のように体を硬くしている」、「陶器のような硬い表情」など。一方、「磁器」は白さの形容に使われることが多く、「磁器のように白い肌」など。なお、これを「白磁のように白い」というと、「白」が重なって下手な比喩になる。

□景気に豆電球ほどの明かりが灯る……「豆電球」は、小さな明るさの象徴。見出し語は、景気が底入れし、わずかながら好転したという意味。

□体に合わない服を着るような違和感……「服」は、自分の体や感覚に合う、合わないの比喩によく使われる。見出し語は、新たな役割や立場が自分には向いていないという意味。逆に、しっくりくる場合は「着慣れた服のような安心感」と表現できる。

□北極星となる……「北極星」は北の方角にあり続けて、方角を示すことから、物事の指針になるという意味。

11 形や質感をモノにたとえる

□**弓のような日本列島**……「弓のような」といえば、ゆるやかなカーブを描く形の代名詞。そこから、日本列島の形の〝専用形容詞〟のように使われ、「弓形の日本列島をしめつける等圧線」など。ほかに、「弓のようにしなやか」という形容にも使われる。

□**三日月のように曲がっている**……「月」は、見た目の形を変えることから、さまざまな形の形容に使われる。「三日月のように」といえば、細い、とがっている、曲がっているの形容。ほか、「満月のような顔」、「スイカを半月に切る」など。

□**物干し竿のように痩せている**……細長いもののたとえによく使われるのは、「電柱」、「煙突」、「鉛筆」、「釘」あたり。「電柱のように背が高い」、「ＨＢの鉛筆のようにスマート」など。

12　動きをモノにたとえる

□**スイッチが入ったように**……といえば、動き出すことの形容。「スイッチを入れたように組織が動き出す」など。逆に、「スイッチが切れたみたいに」は止まることの形容に使われ、「スイッチが切れたみたいに、足が止まる」など。

□**置物のように身じろぎもしない**……モノは、動きの形容に使われる一方、動かないことの形容にも用いられる。「置物のように」といえば、動かないことの代名詞で、「置物のように、じっとしている」「置物のように身を固めている」など。

□**ダンプカーのような勢い**……重機は、その特徴に応じた比喩に使われる。「ダンプカー」は大型で速度が出ることから、「ダンプカーのように突進する」など。一方、「ブルドーザー」は力強さのシンボルで、「コンピュータ付きブルドーザー」といえば、かつての田中角栄元首相の異名。

□尺玉が弾けたような騒ぎ……「花火」は、広がる、弾ける、美しいなど、さまざまな形容に使われる言葉で、見出し語は「大騒ぎが巻き起こる」という意味。一方、花火は「すぐに消える」ことの形容にも使われ、「線香花火のようなスター」といえば、いったんは人気が出たものの、すぐに表舞台から消えてしまったスターという意味。

13 体にたとえる

□心臓が鼓動を打つような……「体」を使った比喩には定番化したものも多く、見出し語は、規則正しくリズムを刻むという意味。また、「心音すら聞こえてきそうだ」といえば、それくらい静かという意味の定番句。

□**胃液が逆流するような感じ……**これも、なかば慣用句化している比喩。苦い胃液を味わうような、苦しい思い、不愉快な思いをするという意味。

□**言葉と現実が肉離れする……**これは、「肉離れ」をその字面から「遊離する」という意味で使った比喩。「精神と実在が肉離れする」などとも使える。

□**拳のような顔……**「拳」は、硬いものや小さくまとまったものの比喩に使われる。「拳のような表情」など。一方、成句では、「拳」は決意や意欲を表し、「拳を握りしめる」、「拳を振り上げる」などと使われる。

□**社会が壊死しはじめる……**「壊死」は、体の組織や細胞が部分的に死ぬこと。そこから、部分的な支障が全体に広がっていくさまの形容に使われる。「壊死状態の日本経済」、

「組織が壊死する」などは、バブル崩壊以降、よく使われてきた比喩。

14 スポーツにたとえる

□横綱と序の口ほどの違い……相撲の番付を使うと、いろいろな比喩をつくることができる。見出し語は、段違いという意味。その一方、「横綱と大関ほどの違い」や「三役と前頭三枚目ほどの違い」など、小さな差でありながら、じつはそこには大きな違いがあるという意味の比喩をつくることもできる。また、「序二段と序の口ほどの違い」といえば、低レベルで、ほとんど差がないという意味になる。

□ノーガードの殴り合い……ボクシング用語も、比喩によく使われる。見出し語は、防御することなく、攻撃し合うという意味で、「ノーガードの殴り合いのような国会論戦」など。ほかに、「ジャブを繰り出す」は、攻撃しはじめるさま。「ラッキーパンチが入る」

は、望外の幸運にめぐまれるという意味。

□ラビットパンチのような攻撃……ラビットパンチは、ボクシングで、相手の後頭部を殴ることで、反則の代名詞。「それは、ラビットパンチでしょう」など。もとは、ウサギを殺す際に、首の後ろを強打したことに由来する言葉。

□キラーパス的なユーモア……「キラーパス」は、サッカーでゴールにつながるような鋭いパス。見出し語は、そのパスのように切れ味するどいユーモアという意味。また、単に「パスを出す」といえば、アシストする、話題を振るというような意味になる。

□辛いときこそ、フルスイング……むろん、野球用語も多様な比喩に使える。見出し語は、苦しいときこそ、力一杯戦えという意味。同様の意味のことは、「逆境こそ、バットを長く持て」とも表せる。

15　芸術にたとえる

□いつも同じ歌を歌っている……見出し語は、時代や状況が変化しているのに、百年一日のように同じ主張を繰り返しているという意味。「いつも同じ歌を歌っている○○新聞」など、ネガティブな批評で使われる比喩。

□懐メロを歌いながら沈んでいく……このフレーズでは、「懐メロ」が〝昔はよかった〟式の言説という意味で使われ、全体として「昔はよかったといいながら、何も手を打たないうちに、状況はさらに悪化していく」といった意味になる。

□壊れたレコード……同じ言葉を繰り返すという意味。「壊れたレコードのような都知事の記者会見」など。「壊れたオルゴール」も、同様に使える。

□**通奏低音のような……**「通奏低音」は、評論文などでよく見かける言葉。比喩としての意味は、全体を貫く基調。「通奏低音のように全体を貫く主張」など。

□**浪花節……**「浪花節」は、義理人情を主題とすることが多いため、比喩的には、義理人情を大切にする古風な考え方という意味で使われる。「人間、義理と人情と浪花節ですよ」など。

□**思想がメトロノームのように揺れる……**メトロノームは、針が左右に動き続ける機械。そこから、「左右に揺れ続ける」といった意味の比喩の材料になる。見出し語は、「思想が〝左右〟に揺れる」という意味。

□**大和絵から抜け出してきたような美人……**高貴さを感じさせる和風美人を表している。一方、「浮世絵から抜け出してきたような」というと、同じく和風でも、色っぽい美人という意味になる。西洋画では、「ルノワールの絵から…」や「ルーベンスの絵から…」といえば、相当グラマーな女性がイメージされる。

16 地形や場所にたとえる

□海の底のように静か……地形や場所は、雰囲気を表す比喩によく使われる。見出し語は「静けさ」を表しているが、「静けさ」をどうたとえるかは、文章家の腕の見せどころ。「深海底のように静か」、「洞窟のように静かな」、「地下道のように静か」、「墓地のように静まりかえっている」、「廃墟のようにしんとしている」、「理科室のように静か」など、多様な比喩が使われてきた。

□ガラパゴス化……地名を比喩に使うこともできる。「ガラパゴス化」は、ガラパゴス島が生物が独自進化を遂げた場であることから、独自進化（退化）を遂げた日本製品を揶揄していう言葉。その代表格がいわゆる「ガラケー」。

□迷宮に放り込まれたように……現実には存在しない場所も比喩に使われる。見出し語は、現実とは思えない環境におかれ、右も左もわからない状況にあるという意味。「別世界に踏み込んだような」、「四次元空間に迷いこんだような」も同様に使われる比喩。

□休火山のような暗い情熱……「火山」や「マグマ」は、情熱やエネルギーの比喩として使われる。「怒りがマグマのように湧いてくる」など。見出し語は「火山」を「休火山」に代え、定番の表現からすこしずらして、紋切り調から脱しようとしたフレーズ。

□昔の正月みたいににぎやか……年中行事は、映像が浮かびやすいので、比喩に使うとイメージを伝えやすい。「真夏の花火大会のような混雑」、「渋谷のハロウィンのような大騒ぎ」など。また、冠婚葬祭も同様に使え、「お通夜のように静か」など。

17 言葉にたとえる

□呪文のようなつぶやき……「呪文」は、意味不明の言葉の代名詞。ほかに、「暗号のような」、「念仏のような」、「うわ言のような」、「耳慣れない外国語のような」も、同様に使える言葉。

□起訴状を読むような口調……単調な口調という意味。ほかに、「生命保険の約款でも読み上げるような」、「法案を読み上げるような」など、無味乾燥な文章を使うと、同じような比喩をつくることができる。

□子供の落書きのような感想……「子供の落書きのような絵」というのは、手垢がつきすぎて、いささか陳腐な表現。それをすこしずらして使うと、面白い比喩になる。

18 色にたとえる

□**白と黒……**「白と黒」の組み合わせは、正と邪、プラスとマイナスなどを象徴する。いろいろと表現を工夫できる素材で、「あの国に白はない、黒かグレーだ」など。

□**消費者にとって、グレーは黒だ……**「黒」は、単独では、悪、闇、陰、暗い、ネガティブ、陰湿などの代名詞。この意味の「黒」は、週刊誌の見出しで、「黒い履歴書」「黒い噂」「黒い癒着」などと、毎週のように使われている。見出し語は、疑いをかけられた商品は、もはや消費者に見向きもされなくなるという意味。

□**赤い貴族……**「赤」は、共産主義・社会主義を象徴する色。「赤い貴族」は、社会主義国のエリート層や労働組合の幹部など、特権的な生活をおくる人々のこと。

人生の活動源として

いま要求される新しい気運は、最も現実的な生々しい時代に吐息する大衆の活力と活動源である。

文明はすべてを合理化し、自主的精神はますます衰退に瀕し、自由は奪われようとしている今日、プレイブックスに課せられた役割と必要は広く新鮮な願いとなろう。

いわゆる知識人にもとめる書物は数多く窺うまでもない。

本刊行は、在来の観念類型を打破し、謂わば現代生活の機能に即する潤滑油として、逞しい生命を吹込もうとするものである。

われわれの現状は、埃りと騒音に紛れ、雑踏に苛まれ、あくせく追われる仕事に、日々の不安は健全な精神生活を妨げる圧迫感となり、まさに現実はストレス症状を呈している。

プレイブックスは、それらすべてのうっ積を吹きとばし、自由闊達な活動力を培養し、勇気と自信を生みだす最も楽しいシリーズたらんことを、われわれは鋭意貫かんとするものである。

―創始者のことば― 小澤和一

編者紹介

話題の達人倶楽部

カジュアルな話題から高尚なジャンルまで、あらゆる分野の情報を網羅し、常に話題の中心を追いかける柔軟思考型プロ集団。彼らの提供する話題のクオリティの高さは、業界内外で注目のマトである。本書は、ベストセラー「大人の語彙力」シリーズ第四弾。今回は、一目置かれる言葉のセンスを身につけることをテーマに、外せないポイントを細大もらさず取り上げた。この一冊で、間違いなく相手をうならせる日本語の使い手になれる!

そのひと言《こと》がハッとさせる!
とっさの語彙力《ごいりょく》
青春新書 PLAYBOOKS

2019年5月30日　第1刷

編　者　話題《わだい》の達人倶楽部《たつじんくらぶ》

発行者　小澤源太郎

責任編集　株式会社プライム涌光
電話　編集部　03(3203)2850

発行所　東京都新宿区若松町12番1号　〒162-0056　株式会社青春出版社
電話　営業部　03(3207)1916　振替番号　00190-7-98602

印刷・図書印刷　製本・フォーネット社

ISBN978-4-413-21136-9